豊かに歳を重ねるための

「百人力」の見つけ方

「荻窪家族」に学ぶ

澤岡　詩野

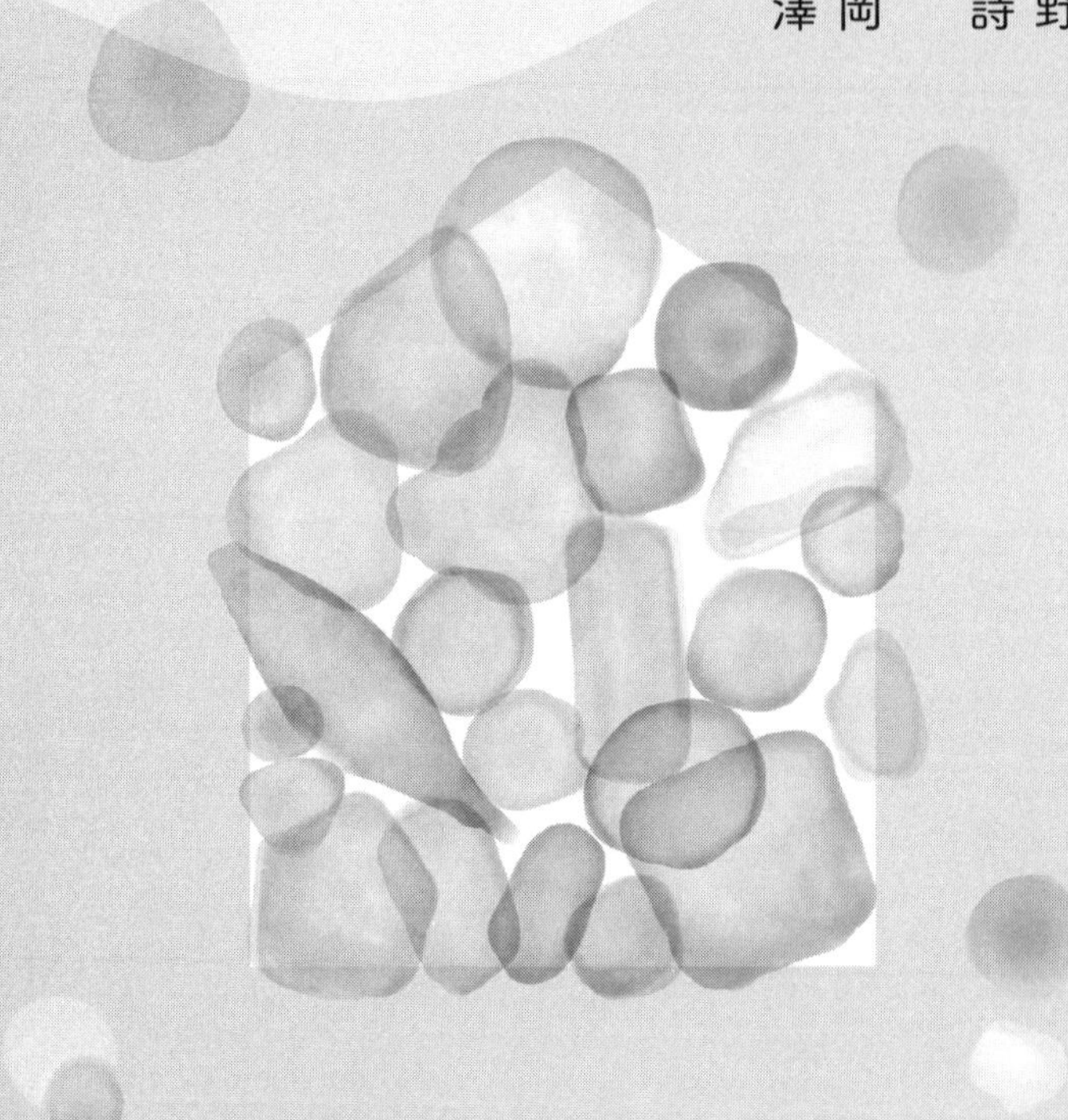

カナリアコミュニケーションズ

はじめに

人生にはさまざまなステージがあります。

子ども時代は親の保護の元で、少しずつ社会生活に参加して自我を芽生えさせていく。そこから思春期を経て、大人として自分の人生を紡いていく……。

そして、家庭や仕事などが自分の人生のメインとなるステージで過ごしたら、さて、次は？

退職したり子どもが独立したりして、そろそろ体力的にも無理がきかない年齢になっていきますよね。いわゆる、高齢期というステージに入っていくわけです。

自分の人生の集大成ともなるライフステージ。

どのように過ごしたいか、みなさんは考えておられるでしょうか。

私は50代を目前とした年齢にありますが、友人たちから聴こえてくるのは親の老いへの不安。忙しくて日常を生きるのに精いっぱい、自分ごとにはなっていないというのが、多くの中年の現状だと思います。

では、いつ頃から考え始めるのがよいのでしょうか。早過ぎる、遅すぎるということはありませんが、40代位まではあまりにも先過ぎてイメージができない人も少なくない。理想は、50代位から、時間を見つけてトライ&エラーをくり返していくことといえます。

まずは考えておいた方がいいと気付いた時から、意識してみる。そのことで、自分にとっての心地よい高齢期の過ごし方を見つけられる可能性も広がっていきます。少しの変化が、ポジティブな未来につながるケースはたくさんあります。

ですから、この本を手に取ってくださっているみなさんの年齢が40~50代でも80~90代でも、ぜひこれを機会に考えていただきたいのです。

私の専門は「豊かに歳を重ねるとは？」の問いに社会とのつながりから答えを見つける老年社会学です。研究者として長らくこの問いに向き合っています。そして、豊かに歳を重ねることの難しさも実感しています。

ただ、その難しさはちょっとした意識改革で解消できるのです。「人生100年時代になってきたから、高齢期を充実させなきゃ！」という、今の世の中に蔓延している気負いを横目で見ながら、「いや、張り切るよりも前に、少しだけ意識を変えようよ」と思っています。

豊かに歳を重ねるために、「生涯現役で、地域で支え合おう！」という風潮がありますよね。それはそれで間違いではないのですが、「ついていけない」と消極的になってしまう人も少なくないのです。

つながり、社会貢献、自助、公的サービス、等々。こんな言葉がどんどん出てくるけれど、それを頭では理解できても、豊かに生きるためにそれをどう自分に当てはめていけばいいのか、正直なところわからない。それが多くの人たちの本音だと思います。

私自身、密な近所付き合いが苦手で地域とは距離を置きたいタイプ。一人が好きで、友だちが多い方でもありません。おまけに、高齢期にある人の焦りやイライラを研究しているくせに、最近は高齢の親にトゲトゲした気持ちで接してしまう始末です。

それが現実。

実際に地域交流で人と支え合い、充実した高齢期を送れる人は一握りではないでしょうか……。

いや、ちょっと待ってください。豊かに歳を重ねている人は少ない、という結論で終わってしまったら、老年社会学を専門とする私の立場がありません。ちゃんと調査研究をして、高齢期を充実させるための目星はつけてあります！

自らが積極的に地域交流の輪に入っていくことはできなくても、自分のできる範囲で何かしら行動を起こしてみましょう。それがどんな小さな行動でもいいし、新しい自分になるぐらいの思い切った行動でもいい。とにかく、好きなように好きなことをやってみる。

それが、いつしかユルヤカなつながりを生んでいきます。ガッツリした地域交流でなくても、十分なのです。そして、そのユルヤカさゆえに無理なくマイペースでいられるとしたら、なんだかいいと思いませんか?


こんなことを考えていた時に、「多様な百のつながりを持って『百人力』を手に入れたい!」と、地域交流型の賃貸住宅プロジェクト「荻窪家族プロジェクト」を立ち上げた瑠璃川正子さんと出会いました。

瑠璃川さんの高齢期に対する考え方は、これまでに行政などが発信してきたようなお仕着せ感がありません。あくまでも自分が好きなように行動することで、自分にとって心地よい距離感で触れ合いが生まれればいい、というものでした。来る者は拒まず、去る者は追わない。

瑠璃川さんは、自分ができることや好きなように行動することを「百人力のタネまき」と考えています。それがいつか実を結び、気が付いたらまわりの人との心地よい距離感の交流があり、お仕着せでない協力関係で「百人力」が生まれることを理想としているようです。

地域活動や近所付き合いに力を入れてきたわけではない、自称〝普通の主婦〟だった瑠璃川さんの自然体な動きから生み出される「百人力」。その活動は、できる範囲で頑張らずに、ユルヤカなつながりから豊かな歳の重ね方を実現させることを目指す私の方向性と、しっかり共鳴したのでした。

瑠璃川さんの哲学「百人力」に触発された私は、今、こうして筆を執っています。行政からの発信や世の中の風潮で、「地域に溶け込んでイキイキとした高齢期を過ごそう！」と気負わなくても大丈夫。みなさんはみなさんのままで、好きなことや、やりたいことを見つければいい。

その時に、ただ単に「やりたい」だけでなく、もしかするとそれがちょっとしたユルヤカなつながりを生んで、いつか自分の「百人力」に育つのかもしれないと意識するだけで、見える景色が違ってきます。

本書を通して、まずは〝意識する〟ところから始めてみませんか？　それだけでも、一歩踏み出したことになります。

でも、いつから？　どんなことを？

その答えは、きっと見つけられます。本書が、ご自分と向き合っていろいろと考えるきっかけになればうれしいです。

CONTENTS

豊かに歳を重ねるための「百人力」の見つけ方

～「荻窪家族」に学ぶ～

第4章

あなたならどんなタネをまく？

少しだけ

「荻窪家族プロジェクト」の「百人力」について

本書は、東京都杉並区荻窪に住む主婦、瑠璃川正子さんが手がけている参加型の賃貸住宅プロジェクト「荻窪家族プロジェクト」から着想を得て生まれました。

そこで、まずは「荻窪家族プロジェクト」がどんなものなのかをお伝えすることで、本書で提案する「百人力のタネまき」をお伝えしやすくなると考えました。

本論に入る前に、簡単に「荻窪家族プロジェクト」についてご紹介させていただきます。


実のご両親と義理のお母さまを介護した経験から、「自分が介護を受ける頃には、どんな時代になっているのだろう」と考えた瑠璃川さん。少子化で頼れる子どもの数が減っているのはもちろんのこと、子どもの仕事が超多忙だったり、海外勤務をしていたりして、家族関係も変わってきているのではないか。社会保障の制度も変化するかもしれず、不安のなかで備えを考え始めました。

自分が高齢になった時、いったいどんな場で、どのように暮らしていればいいのか。たくさんの高齢者向け住宅や老人ホームなどを見学しても、しっくりくるところはありません。そこで瑠璃川さんは、「さまざまな世代の他人同士が心地いい距離感をもって助け合って暮らす場所を、自分でつくるしかない！」と思うようになったそうです。

それが、「荻窪家族プロジェクト」のはじまりでした。

まずは、ご自分が暮らす荻窪の自宅母屋と隣接するアパート2棟を建て替え、「荻窪家族レジデンス」というシェアハウス的な賃貸住宅を建てる。そこを地域に開かれた場所にして、受け身ではなく前向きに生活していけるところにする。

簡単にいえば、そういう〝場づくり〟のために瑠璃川さんは奔走しました。そして、〝場づくり〟のコンセプトとなっていたのが「百人力」でした。レジデンスの1階部分にラウンジ・集会室・アトリエを設けて大人のサロンとすることで、住人に限らず地域の人たちがそれぞれの心地よい距離感で自由に集い、無理なく交流できるようにしたい。それが瑠璃川さんの希望でした。その交流が広がっていけば、いつか「百人力」となるからです。

そんな想いから、荻窪家族レジデンスは2015年に完成。

私は研究の一環として、瑠璃川さんの地元である杉並区の市民大学の講座に参加していたことがきっかけで、2007年に瑠璃川さんと出会いました。そして、「荻窪家族プロジェクト」の構想段階から今に至るまでずっと、共感する仲間として、時には専門家として関わらせていただいています。

そして、レジデンス一階の「百人力サロン」がさまざまな交流の場となるのを見てきました。私が老年社会学の研究者として思い描く豊かな歳の重ね方は、「荻窪家族プロジェクト」から大きな影響を受けてきたといっても過言ではありません。15年以上の時間を共にし、ようやく、これからの生き方を考えるみなさんに問いかけられることが見えてきました。

ここから、私自身がみなさんにお伝えしたいことを、「荻窪家族レジデンス」の事例をお借りしながら説明していきます。みなさんも、「荻窪家族レジデンス」を他人事として見るのではなく、「では、自分なら？」と自分事にして考えてみてください。すると、世界が少し変わるかもしれません。

写真で見る

荻窪家族レジデンス

外観

（上）JR荻窪駅から徒歩10分程度、閑静な住宅街のなかにある荻窪家族レジデンス。（下）エントランス。

共有部分

（上）「ふらっとお茶会」などが開催されるラウンジ。（下）ラウンジとつながっていて、ワークショップなどにも使用されるスペース。このほかに集会場などもある。

レジデンス部分

（上）入居者用の入り口は入居者以外とは別。（下）入居者用の居住スペースの共有部分。

第1章

「豊かな歳の重ね方」にまつわる4つの誤解

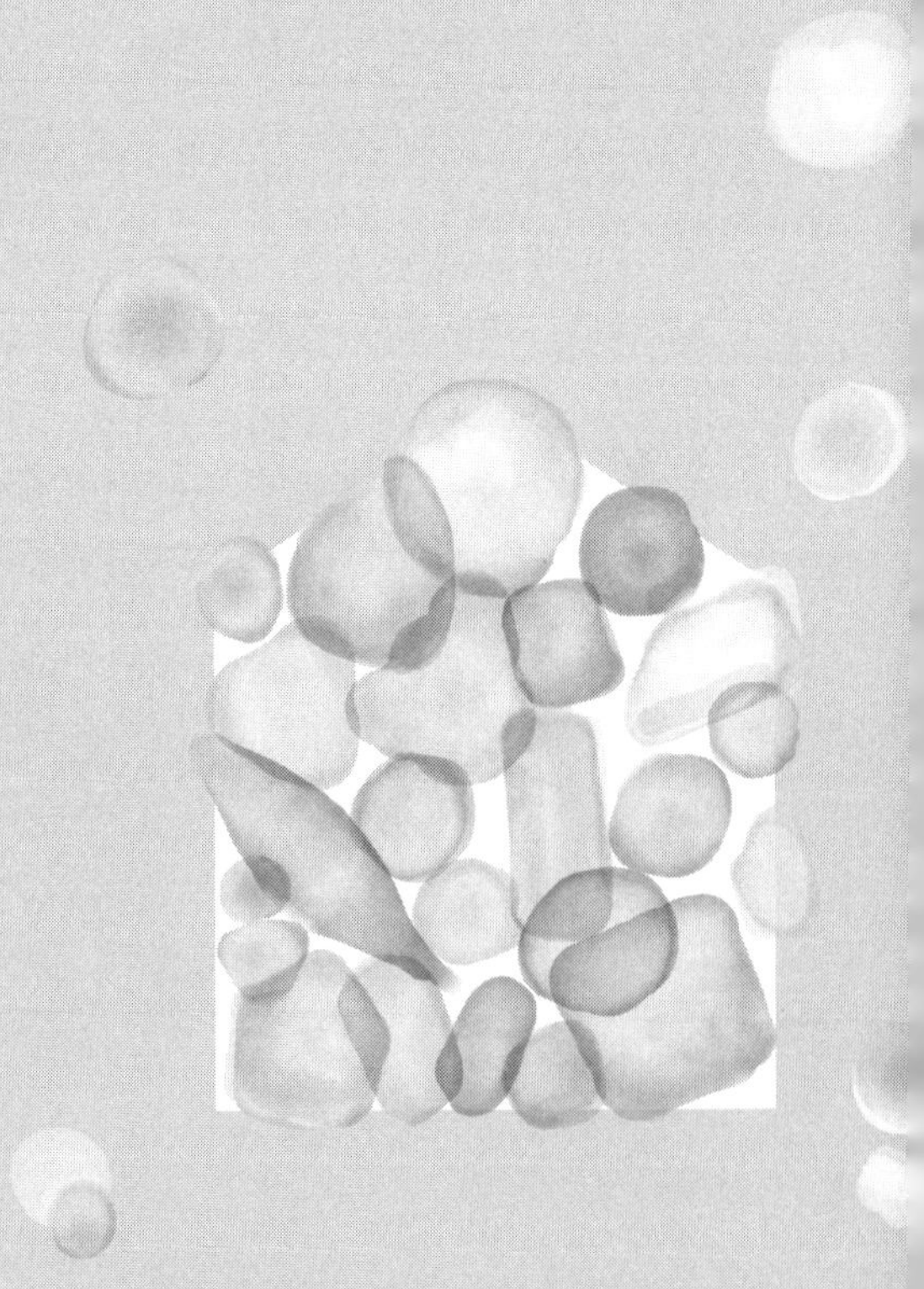

世間でよくいわれていること。それで本当に豊かに歳を重ねられる？

人によるとは思いますが、多くの人は50代あたりから親の老いが気になりだし、「この先は、自分の肉体も徐々に衰えていく。どう歳を重ねていけば、豊かに生きられるのか」という問いが漠然と頭に浮かぶようになります。

でも、親の姿を自分に照らしあわせ、すぐに具体的な備えを始める人はほとんどいないと思います。次に老いの難しさを感じるのは、実際に、身体や心、社会とのつながりが弱くなりはじめてからという人も少なくないはずです。

不安や焦りが湧き出るなかで、少しでもポジティブに生きていきたい。そう考えるのは、自然なことだと思います。ここで気になってくるのがメディアで発信される情報ですが、それらは不安をあおるだけか、またはキラキラし過ぎた姿のどちらかに偏っています。

こうして完成された極端ともいえるステレオタイプを見るたびに、老年社会学の研究者として私は疑問を感じるのです。

さまざまな聞き取り調査やアンケートから高齢者の声を集めてみると、「豊かな歳の重ね方」のイメージが一人歩きし、その人を追い詰めている姿が見えてきます。世間が思い込んでいるような高齢期の過ごし方は多様な姿のひとつ、そこから解き放たれ、もっと自由でよいはずです。そこでまず、世間でよくいわれていることが、ある意味で誤解であることをみなさんにお伝えしていきたいのです。気負わなくても大丈夫！ マイペースに、豊かに歳を重ねていくことは可能ですから。

誤解1 「つながらなければいけない」

介護状態になるのを防げる、遅らせる取り組みとして、国や自治体や福祉の専門家などは、「地域でつながりましょう！」「社会参加をして元気な高齢期を！」と発信しています。もちろん間違いではないのですが、実際にどのくらいの人がそう動けているのでしょうか。

いろいろなデータから、実際にご近所付き合いに積極的な高齢者は3割程度。都市部に限れば、おそらくもっと低くなります。高齢期になるまでにご近所付き合いをしてこなかった人がいきなり積極的になるわけもなく、「地域でみんな仲良く助け合おう！」という言葉を同調圧力と感じる人も少なくありません。

確かに、どんな世代にとっても、つながりがあるに越したことはありません。しかも高齢期は、今まで積み重ねてきたつながりや活動の場がどんどん縮小していく時期。その喪失感がジワリジワリと押し寄せるなかで「つながらなければいけない」という圧力に疲れてしまう人もいます。


私がみなさんにお伝えしたいのは、頑張ってすごく仲良くならなくても、日常生活の中で「あいさつ＋α」くらいの関係性の誰かがご近所にいることが大切なのだということ。助け合い、気にし合う関係性も、はじまりは「知り合いになることから」ですよね。そんな例をここからご紹介します。

CASE 1
「そうよね〜」と笑い合えるような関係性

趣味のサークル活動のメンバー同士のつながり。みんなで食事に行くようなことはほとんどなく、顔を合わせるのはサークル活動の時だけだけれど、そこでのちょっとしたおしゃべりが、実は支えになっています。

たわいのない「そうよね〜」という共感や、「肺炎のワクチンって打った方がいいのかな」「スマホの使い方がよくわからない」などの日常のちょっとした悩みや疑問を気軽に話せる場なのです。深い話はもっと関係性の深い人とすればいいですが、日常に転がっているのはこうした軽い話題の方が多いもの。

また、おしゃべりのなかで「この前、教えてもらって助かったわ！」とか「これ手作りなの？　すごいですね〜」と感謝されたりほめられたりすることも、心に栄養をもたらします。

家族は、あえて「ありがとう」を伝えたり、ほめたりすることを忘れがちな存在なので、外で自分のことを少しでも認めてもらえることが、高齢期には特に大事になってきます。老いも若きも、コロナ禍で外に出られなくなり、家の中で家族とばかり顔を突き合わせていることを辛く感じる人が増えたのは、こうしたちょっとしたつながりを絶たれてしまったことに大きな原因があります。

CASE 2 一人を楽しむためにコミュニティカフェに来る男性

妻に先立たれた高齢男性。家に閉じこもることが多く、ご近所からも心配されていましたが、インタビューをしてみると、毎日出かけている場所があるということでした。

それは、お住まいの団地の近くのコミュニティカフェ。

3時になると本を持ってカフェに行き、1時間そこで読書をするのが日課になっていました。

地域のお茶会やサロンは「おしゃべりしに来てね！」「みんなで仲良くなりましょ

う」という圧力を感じがちだけれど、このコミュニティカフェでは、誰も無理に話しかけてきません。それが心地よく、一人を楽しめるのです。

いつものスタッフさんや常連のお客さんがいて、なんとなく安心感がある。特にしゃべらなくても「ああ、いつもの人ね」と認識されていて、行かない日には「今日、あの人来ないね」とちょっと気にしてもらえる。それがうれしい。

特にコミュニケーションを取らなくても、家で本を読むのとは違う居心地のよさがコミュニティカフェにはあるということです。名前も知らないけれど「いつもの人」がいる空間が豊かさや安心感になって、その中で一人を楽しめるのでしょう。いつも一人で話もしないのは、普通に考えればちょっと寂しいけれど、この男性にはちょうどいいのです。

しかも、自分の気が向いた時には話をすることが増えつつあるとか。奥さまが亡くなったあとは淹れることもなくなったこだわりのコーヒーについては、話が止まりません。周囲からは「いつもくるおじいちゃん」から「コーヒー博士」と呼ばれるようになりつつあります。

CASE 3 チェーンのコーヒー店で見かける男性

私がよく仕事で使うチェーンのコーヒー店で、いつも見かける高齢男性がいます。毎日のように午後になると遅めのランチを食べに、和服をいなせに着こなして、スポーツ新聞を片手に現れるそうです。

スタッフさんにいろいろうんちくを語るのが楽しそうで、「このサンドイッチにサーモンが入っているけど、サーモンって実は鮭じゃないんだよ」といった声が聞こえてきます。

もちろん接客サービスが行き届いているお店ですので、スタッフさんは「そうなんですか！　今日もいろいろ教えてくださってありがとうございます」「今日のお着物も素敵ですね～」のように、いつもにこやかにお相手をしています。

見かけるだけなので、その方の家族構成や背景などはまったく知りません。でもおそらく、この男性にとっては「むやみに話しかけられない」「こちらの話は聞いてくれる」「ちょうどよく相手をしてくれる」ということが心地いいのだと思います。

若いスタッフさんの就職活動を気にかけ、「だいじょうぶ」と声をかける姿を見かけることもあります。男性にとってはたわいのない会話ができる居心地のよい場、若いスタッフさんにとっても元気をもらえる場になっているのではないでしょうか。

CASE 4 昔の仲間たちとオンラインでつながる

高齢になるにつれて、物理的に遠い場所に出かけることが困難になってきます。だからこそ「地域でのつながり」が推奨されるわけですが、今はオンラインで遠くにいる人ともつながることができます。

学生時代の友人や元の仕事仲間たちとFacebookなどでやりとりをしている高齢

層も、お仕事を定年退職した人を中心に増えています。

直接会えるわけではなくても、もともと気が合う自分の友人と頻繁に連絡を取り合えることはうれしいもの。

無理のない範囲で地域に新たな関係性を持つことも重要ですが、今までのお相手とつながり続けることも同じくらい大切。距離は遠くても、心理的に身近な存在と頻繁に会える手段として、若い時よりもオンラインが活用されているのではないでしょうか。

誤解2 「誰かのために生きることこそがステキ」

社会参加の呼びかけのなかで、「退職して時間があるなら、地域のために何かやりましょうよ！」というものがあります。利他の心がすばらしい！　誰かのために役に立てる自分になることが高齢期の理想だと、自治体等の公的機関の人は言いがちです。

実際、そこに生きがいを感じている人はいて、日本全国をボランティアでまわる「スーパーボランティア」もいるほど。ご本人が生きがいをもって人のために積極的に動くのであれば、本当に素敵なことですよね。

でも、それこそがみんなの目指す姿といわれるのは違うと思います。

私も含めて、そこまで頑張れないし、滅私奉公こそが素晴らしいという押し付けに苦しくなってしまう人もたくさんいます。ですから、ここでは「誰かのため」をもっとユルヤカに考えてみましょう。

みなさんは、今は「プロダクティブ・エイジング」という考え方があるのをご存じですか？　一昔前、高齢者は助けてもらうだけの社会のお荷物と位置付けられがちでした。この偏見に対し、誰かにチカラを提供し続ける存在であることを主張したのがプロダクティブ・エイジングです。チカラの提供としては、有償労働やボランティア、家事や家族の介護に限らず、様々な集いの場で仲間を手助けする、散歩ついでのゴミ拾いまで含まれていて、とても幅広いもの。何より、滅私奉公とは一線を画していると思います。

プロダクティブな行動とは決して難しいものではなく、自分の経験を生かして社会にちょっと力を提供すること。そして、小さなことでも長く続けること。こういう人たちは、健康度や幸福度が高いという調査結果が出ています。

CASE 1 趣味の手芸を生かして「お直しのおばあちゃん」に

ずっと手芸が趣味で、ぬいぐるみや雑貨を手作りしてきた女性。近所の子どもが抱いていたぬいぐるみが少しほつれて中の綿が出ていたのを見て、「おばあちゃんが直してあげる」と修理しました。

それをきっかけに、近所の他の子たちにもおもちゃを直したり、洋服のお直しをしてあげたりするようになり、「お直しのおばあちゃん」と親しまれています。

この女性にとっては、ごく簡単なことばかり、でも、若いママにとっては気合を入れないとできない裁縫仕事。ボランティアグループに参加してとなると億劫ですが、自宅で家事の合間にでき、頻度も少ないので負担に感じることありません。ぬいぐるみや洋服のお直しを通じて、時々子どもたちと触れ合えることや感謝してもらえることに幸せを感じています。

CASE 2 体操サークルに人を呼び込む90代女性

高齢者が集まるある体操サークルを調査した時に、「どんなきっかけでこのサークルに参加するようになりましたか?」と聞くと、同じ答えがたくさん返ってきました。

「あそこに座っている方に誘われたの。『楽しいからいらっしゃいよ!』と。私は、体操なんて本当はそんなに好きじゃないの。でも引っ張られて来てみたら、同じ年代の人たちとおしゃべりできてちょっと楽しい。あの方のおかげです」

多くの人を誘ったという女性は、もう90歳を超えて少し体に不自由も出てきているので、椅子に座ったまま参加していました。それでも楽しげに上半身を動かしています。人を放っておけない性分で、仲間が増えていくことも、誘った人が笑顔で通ってくるのもうれしいようでした。

CASE 3 掲示板に貼る折り紙のためにYouTubeをチェック

私自身の地元のお話です。町内の折り紙サークルの女性たちと立ち話をしていた時に、元気のないつぶやきが聞こえてきました。今までは孫のために折り紙を折っていたけれど、もう孫も大きくなって喜ばなくなってきた。コロナ禍で人と会う機会も減って、誰かに差し上げるチャンスもないし、折ってもただ溜まっていくばかり……。

そこで私は折り紙をいただいてきて、町内会の掲示板に貼ってみました。というのも、コロナ関連の暗いお知らせばかりの目抜き通りの掲示版を少しでも明るくできればと思ったのがきっかけでした。

すると、通りかかる親子連れが折り紙に目を留めてくれるようになっていきました。特に掲示板の下の方に貼ると、背の小さなお子さんが見つけて、指をさしてお母さんに話しかけることを何度か目撃しました。

それをサークルの女性たちに伝えると、みんな大喜び！　自分の楽しみの延長が、親子の会話のきっかけになれるなんて！

家にこもっていたサークルのメンバーが、折り紙を見てくれる子どもたちがいるかもしれないと、町内14カ所の掲示板の周辺をお散歩するようになりました。「お雛さまとか兜とか、子どもの行事や季節に合わせた折り紙を作らなきゃ」と張り切るようになったというお話も聴こえてきました。

そして、これまでは連絡手段として自分のお子さんから持たされているだけだったスマホを使って、YouTubeで折り紙の折り方を調べるまでになったのです。

次は何を作ろうかと、生き生きするようになりました。

折り紙サークルの活動に刺激されて、飾り物を作るのが好きな子育てママたちが作品を持ち寄ってくるなど、今、掲示板の周辺は賑わいをみせています。

趣味の延長の小さなできごとが、若い世代に影響を与えた、まちを元気にできたということですよね。サークルのみなさんはこれを意識して折り紙を始めたわけではありませんが、大きな生きがいにつながっています。何がきっかけになるかわからないものです。

誤解3 「人の世話にはなりたくない」

日本人の特性なのでしょうか。高齢者にインタビューをしているなかで、「人の世話にはなりたくない！　だから健康でいたい」という声がとても多いのです。

今、社会全般としては「本当の自立は自分一人で立つことではなくて、手助けを受けながらも立って、自分のできることをやっていくこと」という価値観になりつつあると思います。ところが、手助けを本当に必要とするご高齢の方になればなるほど、「人の世話にはならない！」という気持ちが強いように感じます。おそらく、日本では長い間そういう価値観で社会が動いていたので、そのなかで生きてきた今の高齢世代の意識が頑なのは、ある意味で自然なことなのかもしれません。

高齢の方に、「困った時には手助けをしてもらいたいですか？ 抵抗感なく手助けを受け入れることができますか？」といった聞き取りやアンケートを行った結果、やはり高齢の男性は特に、手助けに対しての抵抗感が強いことがわかっています。助けてほしい欲求はありながら、抵抗感はとても強い。その相容れない感覚のせめぎあいのなかで、葛藤している方が多いです。

介護職の方たちへのアンケートでも、半分以上の人が介助を拒否された経験があることもわかっています。そしてそのせいで、かえって事態が悪化してしまい、よりたくさんの手助けが必要になってしまう例も少なくありません。

プライドを大事にするあまりに、何らかの助けが必要なのに人の世話にならないことは、厳しい言い方をすれば「頑固」や「意地っ張り」でしかないとも言えるのではないでしょうか。

男性は仕事、女性は家庭という時代を生きてきた世代の男性は、「仕事で頑張ってきた自分は、人の世話になるような人間ではない」という自負があって、なかなかサポートを受け入れられません。

自分には、どうにもできないことがあるのと同時に、自分にできることも何かしらある。ただ、今は手助けを受けるタイミングであり、いつかできる時にお返しすればいい、という視点を持つこと。このことで少し気持ちも楽になるのではないでしょうか。

また、誰かのために気負わず力を提供できる人は、自分も素直に「助けてもらいたい」と言えるものです。「お互いさま」を実践する気持ちこそが、本当に人に迷惑をかけないことにつながっていきます。

CASE 1 エリートが「世話にならない！」と意地を張った結果

私が育った実家の近くのお宅には、大手企業で地位のあるご主人と、お茶の先生をしていた上品な奥さまが住んでいました。ご夫婦は優しく、いわゆるエリートでハイソなお宅です。

時が経ってお2人とも高齢になり、奥さまの認知機能が落ちてきました。その時に、苦労をかけてきた現役時代を振り返り、ご主人は奥さまの介護を自分一人でやると決断したのです。

しかし、家庭のことは奥さまに任せきりで仕事一筋だった人が、介護をできるはずもありませんよね。それでも、「自分でできる！　知識もある！」と言って譲りませんでした。

民生委員や地域包括支援センターの職員が訪ねて行っても、「人の世話にはならない」とドアを閉めてしまう。ようやくヘルパーさんが来るようになったものの、「この人はダメ！」「合わない！」と追い返すのくり返し。

小さい頃からご近所付き合いをしていた私が訪ねると、玄関までは入れてくださり、お茶を出していろいろお話してくださるのですが、その時に聞いた言葉は「施しなんて受けない」「世話になったら、自分が自分じゃなくなる」といったものでした。

でもある日、家の中で２人とも倒れて救急車で運ばれていき、その後、家に戻ることはありませんでした。ご主人は亡くなり、奥さまは施設に入られたようです。しばらくして、家は解体業者に壊されてしまいました。

早い段階でご近所に「困った」をつぶやけていたら、プロのサポートを受け入れられていたらどうだったのか。とても考えさせられ、私が老年社会学を研究するきっかけとなった出来事でした。

CASE 2

地域の見守りを「監視されているみたい」と感じる元企業戦士

私は研究の一環として大手企業の退職者に長期間関わり、お話をうかがわせていただいています。そのなかには、奥さまも子育てを終えてから地域とはつながらず、夫婦2人だけで日常生活を送っている方が多く存在します。そしてそういった方の中には、オンラインで昔の仲間とつながってらっしゃる人も多いのです。

そうした方たちは、「75歳を過ぎたら、地区の民生委員とかいう人が訪ねてきて、サポートは必要じゃないかとか、見守りの会があるから入ったらどうかとか、いろいろうるさいんだよね。監視されているみたいでイヤだなあ」とおっしゃいます。

今はまだ70代でどうにか身体も動くから、地域のサポートの必要性をまったく感じていないようです。しかも、よく知らない人から口を出されるなんてまっぴらという気持ちも透けて見えます。でも、人によって差はあっても、必ず衰えていくのです。いつかは人の手助けを必要とする時が来るということを、早いうちから意識し、地域やご近所とのつながり方を考えていただきたいと思います。

CASE 3 認知症は誰でもなる可能性があるからお互いさま!

サロン活動をしているなかで、認知症が疑われる症状の出てきたお仲間に、活動の前日には必ず「明日はサロンの日よ。いらっしゃる?」と連絡をする女性がいます。特に仲良しというほどの関係性ではないのに、気にかけているようです。

話を聞いてみると、「私、自分の夫の介護で大変だった時に、このサロンの仲間たちにとても助けられたの。介護を通してつくづく思ったけれど、認知症は誰にでもなる可能性があるんだから、いつ自分もなるかわからない。大きなことはできないけれど、お互いさまで声を掛け合えたらいいと思って」と、さらりと答えてくれました。

どうにもならない時に誰かのちょっとした手助けで救われた経験をもつ人は、お互いさまの精神で自然に人に手助けができるのだと思いました。それはつまり、誰かに自然に手をさしのべられる「助けじょうず」の人は「助けられじょうず」の人とも言えるのではないでしょうか。

誤解4 「最後は施設や専門家のサービスが安心」

「人生の最後は自宅で迎えたい」、あなたもそう考えるのではないでしょうか。さまざまな調査結果を見ても、多くの人がそれを望んでいます。でも、ご家族からすれば、それをかなえたいと思いつつも、簡単にうなずくことができない葛藤があります。

配偶者に介護が必要になってきたら、自宅では老老介護になってしまう。離れて暮らす親が年老いてきて心配。同居していたとしても、仕事や自分の家庭のことで忙しく、余裕がない。限られた時間のなかでは「お任せした方が効率的」、「施設で専門家に委ねるのが安心！」となるわけです。特に高齢層では公的サービスや専門家に対する信頼が厚い傾向にあるので、「お願いしておけば安心！」という思考回路になりやすいものです。

最近では家族への負担を考え、自ら施設に入った方がいいと考える方も増えています。ただ、高齢期の転居にはかなりのストレスが伴うもの。特に、望んでいなかったり「仕方ない」とあきらめたりして住み慣れた環境を離れると、身体や心に悪い影響があることもわかっています。

また、施設に入ってお世話されるだけの毎日が続くことで、「自分はもう老いてしまった」というあきらめにつながることもあるのです。

確かに、プロのサポートは必要です。でも、それまでの日常をあまりに変えてしまうことは、大きなストレスにさらすことにもなるので、バランスが必要ですよね。

その人らしい暮らし方のなかで、適切に施設を利用したり専門家のサービスを受けたりできれば、心身の健康を維持していける可能性が大きくなります。施設で楽しく過ごせる人。自由度の高い高齢者住宅で、気ままに暮らしたい人。自宅で介護サービスを受けながら、基本的にできることは何でも自分でやりたい人。

答えはひとつではありません。自分にはどういう形が合うのか、まずは決めつけずに考えてみることが大切です。

CASE 1 夫に引きずられるように、渋々高齢者住宅に転居した女性

すぐ隣に介護施設の付いた、自立型の高齢者住宅に早めに転居したご夫婦がいました。

決めたのはご主人で、奥さまはあまり乗り気ではなかったよう。なぜなら、それまでボランティア活動などでアクティブに動いていたのに、ここでは料理の必要もなく三食が提供され、それまでの活動や仲間からも離れてしまうからです。

周囲からみれば羨ましくなるような生活でしたが、ただサービスを受けるだけの毎日は、奥さまにとって苦痛でした。やがてご主人に介護が必要になった際は、悲しい気持ちと共に、やることができて張りが出たとも。

しかし、ご主人が亡くなると再び求められることの少ない毎日に戻っていきました。改めて、自分の存在する意味について考えたのです。「このままじゃいけない！」と思ったその女性は、行政が出す広報誌によく目を通すようになり、社会福祉協議会が主催する「ボランティアやってみましょう会」の講演会を発見します。申し込んだものの、90代で歩行もゆっくりな自分が参加してよいのかをギリギリまで迷ったといいます。

講演したのは、実は私です。そこに集まったのは、ほとんどが高校生でした。その中で90代のおばあちゃまはとても目立っていたのもあり、声をかけて事情をうかがってみたのです。彼女はサービスの充実した住宅での生活がいかに単調で味気のないものだったかを語り、「施設では、一気に何もできないおばあちゃんにされちゃったの。だからこのままじゃいけないと思ったのよ」と切々と訴えてくれました。

自分で決めて、自立型の施設に移り住んだ女性。できたての食事を朝昼晩と頼めるなんて最高！そう思って引っ越してきたのですが、やはり自分の好きなものが食べたい日もあるし、食事の支度のために買い物に行くこともなくなるとつまらない。そこで施設と交渉し、夕食だけ出してもらって、残りの2食は自分で自由に用意をすることにしました。

それに気を良くして、さらに一歩踏み出したその女性。

豊富なサークル活動が評判の施設でしたが、入居者だけのコミュニティに閉塞感を感じて楽しめていませんでした。自分で選びたいという気持ちも強く、施設の外で見つけたフィットネスクラブに通うことにしました。

しかも、自力で通うのも大変だからと、「何人ぐらい人が集まれば、送迎の車を出してもらえますか？」とクラブに交渉したのです。そして、施設のお仲間を誘って人数を集め、送迎車を出してもらうことに成功しました。

この方の様に施設に働きかけるのはなかなか難しいと思いますが、「お世話になるのだから仕方がない」と自分で決めつけてしまわないことが、大きな一歩につながるのではないでしょうか。

CASE 3 なんとなくデイサービスに通っても楽しくなかった

身体が大変になってきて介護保険の申請をした男性。それまで詳しく身近な介護サービスを知ろうとしたこともなく、担当のケアマネージャーさんのいうがままに近くのデイサービスに通うことになりました。

多くのデイサービスでは、プログラムも決まっていて、他の利用者さんたちと集団行動をする場になるわけなので、自由度が低いと感じたようです。特に、おやつの時間が決められていて、自分が食べたくもない時間に食べなければならない、食べたい時間に食べられない、ということが苦痛でした。

そして、「今はいらない」「今は食べられないの？」とスタッフさんに声をかけていたのですが、そんな自分はきっと、面倒くさい老人だと思われているだろうと考えるとイヤになってしまったそうです。

最初はそんなものだとあきらめていたのですが、だんだんと気が向かなくなり通うのを止めてしまいました。そんなある日、社交家の奥さまが聞いてきたのが、やりたいことを自分で選べるデイサービスでした。今では、施設の花壇の雑草むしりをかってでるほどに元気いっぱい。「通う先を自分で選べることすら知らなかった、専門職に任せっきりではいけないね」とこれまでを振り返ります。

豊かな歳の重ね方に必要なのは「百人力」

こうした誤解にがんじがらめにされて、人はいつの間にか「〇〇ねばならない」と無理を重ねてしまうのです。それでは、豊かに歳を重ねるなんてできないと思います。

では、どうすればいいのか。その答えが、「百人力」にあると私は考えています。

誤解1 「つながらなければいけない」に代わる「百人力」とは？

人によって、求めるつながりの強さには濃淡があります。ですから、自治体等が呼びかける「みんなで交流しましょう！」を積極的に実践できなくても大丈夫。しゃべらなくてもそこにいるだけでいい。名前や住んでいる場所を知らなくても、たわいのない雑談ができたり共感を得られたりできる人がいればいい。まずはそれで十分なのです。

その程度のゆるやかなつながりは、日常にちょっとした張りをもたらしてくれます。家族や親友とは異なる、もっとずっと気楽な関係性です。それを、意識してつくっておきましょう。

みなさんに必要なのは、自分が無理なく自然にできる行動でユルヤカにまわりとつながること。もちろん、濃くつながりたくて深い交流がうまくできる人はそれもいいですが、そういう人ばかりではありません。

ユルヤカな関係は少しずつ広がり、互いに影響し合い、「百人力」と呼べる心強いネットワークになっていきます。

最初から支え合うつながり、強固なネットワークづくりをイメージする必要はありません。ご自身の距離感、匙加減でよいのです。

ただ、自分のできることはやってみる。一歩踏み出してみる。それだけで十分です。

誤解2 「誰かのために生きることこそがステキ」に代わる「百人力」とは？

高齢期になると、今まで当たり前のようにあった役割が減っていくぶん、余計に「誰かの役に立ちたい」と思うかもしれません。それが新たにボランティアを始めたいなどという気持ちに結びついていくのだと思います。実は大事なのは、自分の日常生活の延長にある小さなことなのです。まずは身近な誰かが笑顔になってくれれば十分。そういう視点を持つことがとても大事です。

たとえば、高齢者施設で暮らすある女性は、とにかく施設の職員さんたちに「ありがとう」をたくさん伝えることにしているそうです。彼らが忙しさなどさまざまな葛藤を抱えながら働いてくれていることを思えば、本当にありがたい。そしてその気持ちを伝えるだけで、笑顔になってくれる。

さらに、笑顔になってくれることがうれしくて、自分の気持ちもフワッと上がるそうです。だからむしろ、「誰かのため」ではなく「自分のため」とも言えるわけです。ボランティアをするどころか、介助を必要としている女性です。でも、まわりを笑顔にさせることができるだけで、自分がうれしくなる。そんな自分発信の気持ちでも十分なのです。そう思うと、楽になれますよね。

そういう価値観を共有できる仲間がいれば、みなさんも大丈夫です。そしてその仲間とは、ユルヤカにつながっていればいい。近すぎる家族の目は厳しくなりがち。

けれど、ほどよい距離感にある仲間やお知り合いなら、あなたができることに目を向けてほめたり感謝したりしてくれますし、逆にこちらからもポジティブな言葉かけができます。派手なほめ言葉ではない、ほどほどにポジティブな言葉にあふれた場に身を置くことは、自分のためにもいいことですよね。

このくらいの「自分のためにやったら人のためにもなる」が、「百人力のタネまき」になるのです。

誤解3 「人の世話にはなりたくない」に代わる「百人力」とは？

「人の世話になりたくない」と思うのは、「してあげる人」「してもらう人」という考え方で、その関係性に上下をつけているから。自分が「してもらう人」になると立場が下になると感じてしまうのです。

しかし、本来の人と人の間のやりとりは、そんなギブアンドテイクではありません。自分が誰かに助けてもらったら、それを他の誰かに返してもいい。そういう柔軟な考え方なら、どちらが上にも下にもなりません。

「人の世話になる」ことを大げさに考えず、ちょっと気にし合える関係性を身近につくっておくことが大切。そのなかで、持ちつ持たれつの間柄になればいいのです。「荻窪家族レジデンス」をつくり上げた瑠璃川さんは、電車の中で高齢になったお母さんに席を譲ってもらえた時にはうれしさを感じたそうです。だから、そのお返しとして自分も困っている人に席を譲る。

一対一ではなく、お世話になったらそれをできる時に別の人に返してもいい。たとえ一度しか会わない人にお世話になっても、またお世話をしても、それはそれで「百人力」のタネをまくことになります。それぞれの「百人力」が循環して、いつかそれは自分に返ってくるという考え方です。

誤解4 「最後は施設や専門家のサービスが安心」に代わる「百人力」とは？

施設や専門家はもちろん頼りになる存在ですが、それがオンリーワンではありませんよね。

一人ひとりが、選択肢を持てることが大切なのです。

ところが、介護保険制度などいわゆる行政が決めた仕組みの大枠は知っていても、それ以外の情報を知らない人がたくさんいます。だから、それがオンリーワンになってしまいがち。

そんな時に、身近で「こんなサービスが良かった」「うちの義母を在宅で看取ることができた」のような経験談が、自然と耳に入ってくるような環境があるといいですよね。それも「百人力」の持つ力なのです。

行政が決めた仕組みは大切ですが、自分が生活する地域のなかで得られる身近な情報こそ役に立つもの。自分で必死にならなくても、気付けば情報を耳に入れてくれる関わりこそが本当のサポートになります。一つひとつは小さくても、百人分の力を寄せ集めれば最強！

そんな「百人力」があれば、自分に合った人生の最終章の過ごし方を選ぶ時に役に立ちます。

いかがでしょうか。高齢期を豊かに生きていけるのかどうか、誰もが不安を抱えていると思います。この不安を和らげ、実際に豊かさを形にしていくためにも、早いうちから少しだけ意識して「百人力」のタネをまいておくことが重要なのです。

とはいえ、これまで世間でよくいわれていることにとらわれがちな多くの人たちにとって、自分の生きる力として「百人力」を理解するのはなかなか難しいことでもあります。

そこで私が大きな刺激を受け、「これこそが豊かに歳を重ねていくためのヒントだ!」とピンときた「荻窪家族レジデンス」の「百人力」について、もう少しみなさんと掘り下げていきたいと思います。

「荻窪家族レジデンス」がどんな場なのかを知れば、みなさんも「百人力のタネまき」のイメージがわくことでしょう。

第2章

「荻窪家族プロジェクト」から考える「百人力のタネまき」

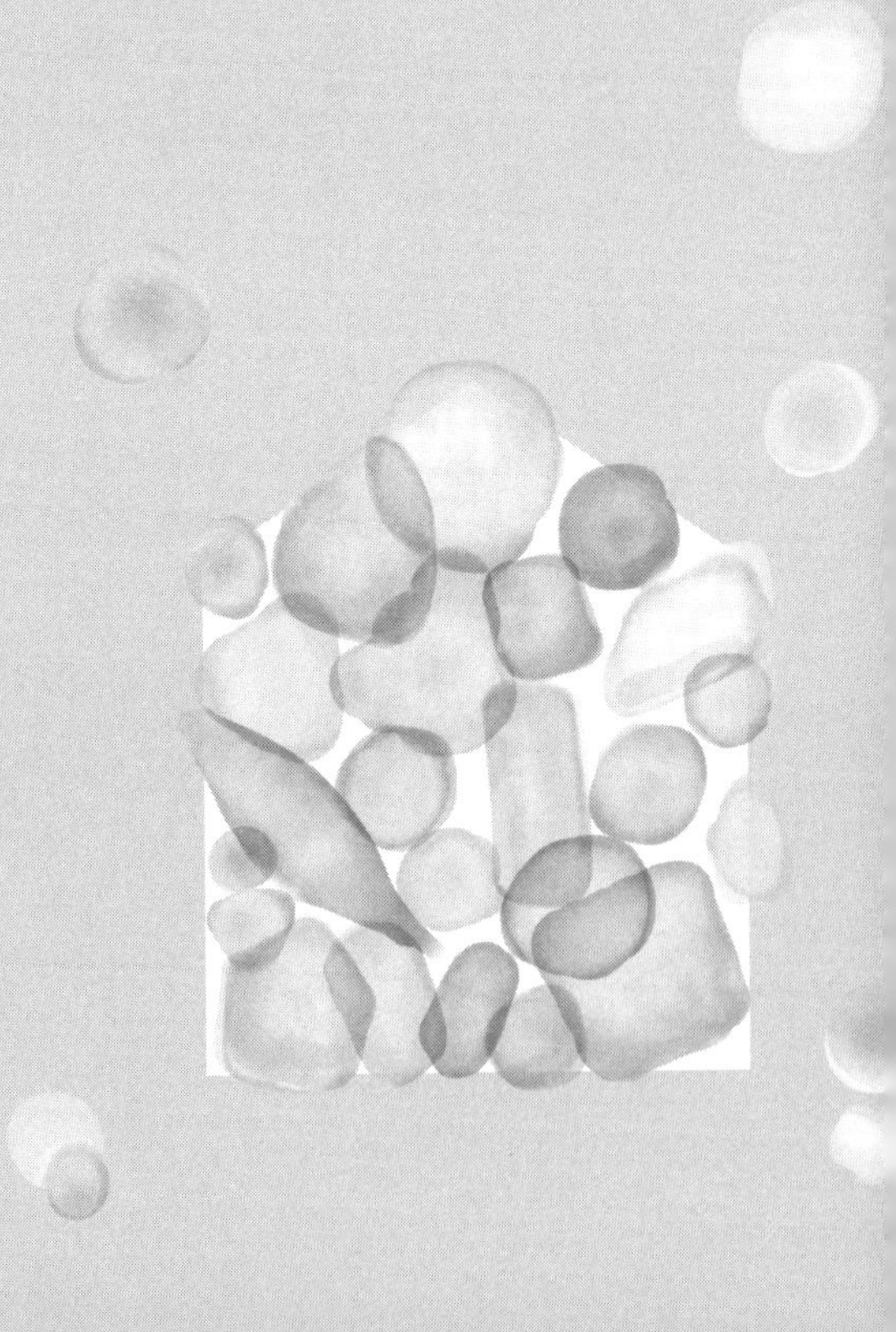

親を介護した12年間から始まった「幸せな老い」の探求

「百人力」。

この言葉を瑠璃川正子さんから聞いて、その意味を理解するにつれて、私はこれまで自分が考えてきた「豊かな歳の重ね方」の実現のために手に入れたいものは、まさにこの「百人力」だ！　と思うようになりました。

２００７年に杉並区の市民大学講座で瑠璃川さんと出会った私は、彼女の「風のように行き交える場を創りたい！」という熱い想いを知り、「荻窪家族プロジェクト」を推進し、形にするための仲間の一人として、夢の実現に向けて一緒に走ってきました。多くの時間を共有して瑠璃川さんが目指す「百人力」がイメージできてくると、まるでジグソーパズルのピースがピタリとはまるように、それまでの研究で私が確信した「豊かな歳の重ね方」が見えてきたのです。

では、瑠璃川さんは何を私に語ってきたのでしょうか。

ほぼ専業主婦として、自分の家庭のことに追われ、地域のことに目をむける機会はほとんどなかった瑠璃川さんでしたが、親の介護を始めた頃から、ある疑問を抱きます。

自分が高齢になって介護されるようになった頃には、どんな生活が待っているのだろう。自分が親を介護したように、忙しい子どもたちに介護を期待できるのかどうかわからない。

有料老人ホームに入ればいいのか？　見学した高級老人ホームで目にした生活を自分に重ねてみてわかったのは、それなりの生活はできたとしても、精神的な満足度は低いということ。

自分らしく人生を終えるためには、住み慣れた家で一人で死んでいく方が幸せなのだろうか？

こうした疑問をそのままにせず、瑠璃川さんは行動を始めました。介護保険の仕組みのなかで「自分のケアプランを自分でつくる」というテーマで活動しているグループで勉強したり、いわゆる施設ではない、新たな形の高齢期の住まいを見学したり。コミュニティビジネス関連の公的講座を見つけて受講したりしては、知識を吸収しながら、さまざまに考えをめぐらせたそうです。

老いていくなかで、家族としかコミュニケーションを取らなかったり、高齢者向けの福祉サービスにしか居場所がなかったりする日々が幸せだとは思えない。いろいろな人とゆるやかに関われる家や、施設以外の場を日常の延長として普通に持てることが、充実感につながる。

そして得た答えが、「子どもから高齢者まで、ほどよい距離感を保ちながら一緒に暮らせる家を建て、そこを地域に開かれた場にすること」でした。

この答えが出るまで、瑠璃川さんは仲間たちと長く話し合いを重ねてきました。ケアプランの勉強会では島村八重子さん、公的講座では河合秀之さんや私、設計を担当した連健夫さん、想いを語り合うつながりができたのも行動したからこそ。時には現実の壁にため息をつく時間を共に重ねてきた仲間は、今も瑠璃川さんの「百人力」となっています。

瑠璃川さんの想いが形になっていくなかで、「ほどよい距離感」「家族などの深い関係性ではない人とのちょっとしたコミュニケーション」「ご近所との無理のない関わり」「人のためにも自分のためにもなること」といったキーワードを私たちは何度も口にしていたのです。

瑠璃川さんに言わせれば、それこそが「百人力」。必死に頑張ったり気負ったりしなくても、自分にできることを無理なく楽しくやっていけば、自然と地域のなかでもユルヤカな関係性ができてきます。自分一人だけでなく、みんながそうした関係性をつくってそのネットワークが広がっていけば、それはやがて百人分の力になる。

それは、私が豊かに歳を重ねるために必要だと感じていたことと重なりました。だからこそ私は、「荻窪家族プロジェクト」に共感し、専門家として口を出すだけではなく、一緒に新たな形を創り出したいと考えたのです。ご近所に住んでいるわけではありませんがこの場は、私の「百人力」を得る場にもなりつつあります。

試行錯誤を重ねて完成した「荻窪家族レジデンス」

瑠璃川さんは、ご両親から実家の母屋と隣接するアパートを受け継ぎ、そこに住んでいました。そこでそれらを、豊かに歳を重ねられる理想の場に建て替えようと考えたのです。

そして、自分でたくさんの施設や住まいを見学してみて、高齢者しかいない環境に疑問を持ったために、多世代で暮らせる住宅を目指しました。周囲と関わりながら助け合えれば、少しの困りごとなら解決できて、高齢になっても自分らしさを失わずに生きていける。そう考えて、地域とのつながりを持てる場にすることも重要な条件でした。

そうした想いを実現したのが、「荻窪家族レジデンス（以下、「荻窪家族」とも表記）」です。この形をうまく表現する言葉はないため、ホームページなどでは地域開放型のシェアハウス的集合住宅と説明しています。

「荻窪家族」は、今までにない形の賃貸集合住宅。住む人・使う人・地域の人がみんなで関わり、多世代で暮らす新たな住まい方を提案する場所として、さまざまなこだわりを詰め込むこととなりました。

まずは瑠璃川さんご夫妻と私を含めた数人の仲間たちで、コンセプトと設計条件についてミーティングを重ねていきました。そこで明確になったのが、「地域に開く！」と「居住者に出会いの場をつくる！」でした。

「荻窪家族」を地域に開くために、1階に集会室、サロン、アトリエと3つのスペースを設けることを決めました。居住者にゆるやかな出会いの場をつくるためには、2階に居住者専用のラウンジを設けることに。

また、各部屋にシャワーは設置されているものの、浴槽を備えた浴室は3階にあって共有となりました。時間予約制で使用できるので、お風呂に入る時に他の居住者とあいさつする機会も創出できます。

オーナーの瑠璃川さんもこの共用浴室を使うので、「オーナーと入居者」というよりも、同じ家をシェアしている仲間のような意識も自然と芽生えていきます。瑠璃川さん自らが、お節介にならない程度に入居者のみなさんとも関わる意思を持っていたことの表れだったと思います。

高齢期になると行動も考え方も保守的になりがち。だからこそ、外からの適度な刺激は大切です。光や風が入ったり外の景色が見えたりすることで自然を感じられるとか、同じ場所を共有しながらそれぞれ好きなことをするとか、近所の人が訪れる機会があるといったことで、生活に張りが出ます。

地域に開き、居住者に出会いの場を設けることで、日常に新たなつながりが生まれ、そこから行動や考え方も外に開いていけばよい。

こうしてコンセプトが明確になってきたら、関心を示してくれる人に呼びかけ、月に一度のペースで意見交換のワークショップを実施。今までにない形を創り出すプロジェクトであるだけに、地域の人にも理解してもらい、ロコミで広げることが大切だったからです。

施工段階でも、タイルの絵付けや塗装、ウッドデッキづくりのワークショップを実施するなど、みんなで創り上げる時間を大事にしてきました。人と人とのつながりは、こうしたワークショップからも生まれていきます。


まさに、これまでにはないスタイルのシェアハウス的な集合住宅。居住者だけでなく近隣の人たちも巻き込んで、たくさんの人が集う場になったら、どんな「百人力」が生まれるのか。

アイディアが設計に落とし込まれ、建物として完成していく過程を見ながら、私はとてもワクワクしていました。

ほんの数人からはじまったプロジェクトでしたが、2015年に建物が完成するまでには何百人もの人が関わることとなったのです。集合住宅として建物が完成した時には人の輪が広がっている。これを目指してのワークショップでしたが、ワクワクすることには人が集まるもので、想像以上の応援団、「百人力」が生まれました。

「荻窪家族レジデンス」での暮らし方

1階にアトリエ・ラウンジ・集会室という外部の人が使えるスペースと居室兼事務所などに貸し出すテナントを備え、2階には10室の賃貸住宅、3階はオーナーである瑠璃川さんご夫妻の住居と浴室、屋上がある。

この「荻窪家族レジデンス」という建物そのものが、人のつながりを生み出す仕組みを持って誕生しました。では、実際にどのような人たちが入居してきたのでしょうか。

やはり、一人暮らしの高齢者が中心となりましたが、小学生の女の子を連れて入居してきたシングルマザーや、少し障害をもっている30代の男性もいて、高齢者だけの環境ではありません。

今はまだ元気で自由に動けるけれど、いずれ「荻窪家族」のような住居が理想的と考え、自宅とレジデンスの両方を行き来する男性もいます。顔を会わせた時には、美味しいこだわりのコーヒーを淹れてくれたりと、ほどよい距離感で暮らしています。

シェアハウス的な集合住宅といっても、入居者の方たち同士はほどよい距離感を保って暮らしています。シェアハウスはドラマなどで見ると、集まってパーティーをするような深い関係性になりそうなイメージがありますが、少なくともここではそのようなことはありません。

各部屋は普通の賃貸住宅と同様に、しっかりカギやチェーンがかけられる独立した住居です。水回りの設備もそろっていて、不自由なく部屋の中で生活することができます。

共有ラウンジでも、調理はできるし冷蔵庫も備え付けられていますが、みんなで集うというよりも、好きな時に一人で時間を過ごす場所として使われていることが多いです。

レジデンスで購読している新聞をラウンジに読みに行ったら、誰かがお茶を飲んでいるというようなことがあるかもしれません。その時に雑談してもいいし、あいさつだけで特に話さず自分のしたいことをしてもいい。そのぐらい自由でユルヤカな距離感です。

ただ、毎朝7時半に有志の人たちがラウンジに集まって、その日一日の予定をお互いに伝え合うということはしています。あくまでも強制ではないですし、それぞれの行動を把握するというよりも、何か心配事があった時に「そういえば、今日は〇〇へ行くと言っていたわ」とか「あの人は△時まで外出予定だから」とわかれば安心材料になるということです。

みんなが自由に暮らしながら、同じレジデンスで暮らすよしみで少しだけ他者も気にかける。そういう日常がここにはあります。もし何日も部屋にこもっている人がいたら、「だいじょうぶ?」とドアを叩いてみる。誰かが「ちょっと教えてくれる?」と困っていたら、できる限りの手助けをする。それで十分なのです。

「荻窪家族レジデンス」が完成してから8年、望めば最後まで住み続けられる場を目指してきました。なかには、認知機能が落ちてきたり深刻な病気になったりして、自らの判断やご家族と話しあった結果、レジデンスから施設へと移っていかれた住人さんもいらっしゃいます。

ですから、ここを終の棲家とするかは、その時になってみないとご本人にもわからない、状況や気持ち次第と言えるのかもしれません。ただ、認知機能の低下や病気に悩んだ時に、これからどうすればいいのかを一人で悩まなくてもいいというメリットがあります。

なぜなら、人とのつながりのある「荻窪家族レジデンス」では、瑠璃川さんはじめ、情報を教えてくれたり相談に乗ってくれる人や、手助けをしてくれる人や機関につないでくれる人がたくさんいるからです。

最後はもちろん自分で決断するのですが、できるだけ本人の心地よさを尊重して寄り添ってくれる人たちがいて、選択肢を並べて一緒に考えてくれる。それだけで、人に言われるがままに妥協して施設に入ったり、まわりに気を遣いながら一人暮らしを続けたりするよりも、ずっと納得できる決断になるはずです。

「荻窪家族レジデンス」をベースにした「百人力のタネまき」

さて、「荻窪家族レジデンス」は、居住者がほどよい距離感で暮らせる場所として機能していますが、地域に開くための1階スペースはどのように活用されているのでしょうか。

高齢期は遠い場所に移動することが難しくなってくるので、どうしても地域、つまり近場で暮らしを充実させていきたいですよね。そのためには、これまで説明してきた「百人力」のネットワークを持ち、何かあった時には気軽に相談したり愚痴を言えたりする身近な関係性が必要なのです。

「荻窪家族レジデンス」1階のラウンジ・集会室・アトリエは、まさにこの「百人力」のネットワークを広げるためのタネまきの場になっています。

このスペースは「百人力サロン」と名付けられました。地域の交流拠点として、「荻窪家族プロジェクト」のなかでも重要な意味を持つものです。

では、ここからはどのような流れで「百人力サロン」が実現していったのかを振り返ってみましょう。

①ミーティングを重ねてサロンの名称やイメージを固める（2014年12月頃）
②ミーティングで仕組みや内容、会費などの概要を決定（2015年3月頃）
③レジデンスの見学会などで概要説明、チラシ作成（2015年6月まで）
④見学会・HP・Facebookで告知して参加者を募り、「百人力サロンキックオフミーティング」開催（2015年6月11日）
⑤「百人力サロン」利用開始（2015年8月1日）

このような準備を経て、「百人力サロン」はスタートしました。

運営は、「荻窪家族プロジェクト」に共感する中心的なメンバーが「スタッフ」として引き受けます。

一応、「百人力サロン」は会員制ですが、会員ではない人が来ても構いません。参加しているうちにもっと関わりたいと思うようであれば、月会費1000円をいただいて会員名簿に追記し、月間予定表のメール配信を開始。どんなふうに関わるかは自由で、強制力はまったくありません。

そんな「百人力サロン」で、これまでどのような「百人力」のタネまきがあったのでしょうか。コロナ禍などその時の状況や、つながりをもちたい相手によってもタネまきの内容は多様です。ここでは具体的にイメージしていただくために、いくつかの具体例を挙げていきます。

ふらっとお茶会

＊月2回実施するお茶会で、中高年女性が中心
＊特にテーマを決めないおしゃべりの場

＊出入り自由で、しゃべってもいいし聞くだけでもいい

レジデンスの完成前から、瑠璃川さんがさまざまな場で出会う人に声をかけたり、Facebookなどで告知を行い、「ふらっとお茶会」を近所の喫茶店で開催していました。はじめのうちは瑠璃川さんと私の2人だけでお茶をすることもありましたが、人が来なくても気にしない。来たい人がいれば、来てくれればいい。そのぐらいのユルいお茶会としてはじめました。

徐々に人が集まるようになり、レジデンスが建ってからは1階のラウンジで開催。「お茶会」だから200円の参加費でお茶菓子付きで実施していたのですが、コロナ禍でお茶菓子を出すのをやめて無料にしました。

参加者は、告知を見てきた人、参加していた人に誘われた人、息子さんが知って勧められた人、レジデンスの居住者など。

荻窪暮らしの保健室

＊月2回程度実施で、主にシニア層が参加
＊専門家がいて、ミニ講習会やちょっとした困りごとや不安を気軽に相談できる場
＊理学療法士、社会福祉士、ヘルパー、看護師などの保健医療福祉関係の専門職がボランティアとして参加
＊地域包括支援センターなど公の機関とのつながりもある

誰もが高齢になると、自分や家族の健康や介護について不安や疑問を抱くものです。でも、ちょっとした不安や疑問であれば病院や公的機関に相談するほどではない。

そう思った時に、もっと気軽に相談できる場があればいいですよね。

そんな場として、「暮らしの保健室」は新宿の戸山ハイツではじまった取り組みですが、瑠璃川さんは、そういう場を「荻窪家族レジデンス」の中にも設けようと

考えました。これまで意識して多くの保健医療福祉関係の専門家とつながってきたため、「荻窪暮らしの保健室」を「百人力サロン」で運営することができました。

患者さんとして来てくれるのを待っているのではなく、早いうちに知識や情報を得られたり、困りごとの解決につなげられる場として、専門家にとっても得難い場となっているようです。

チョコっと塾

＊年に数回程度実施

＊仕事を通して、あるいは趣味が高じて何かの分野に詳しくなった人のお話を聞き、質疑応答や感想のシェアができる場

＊サロンメンバーのつてで講師を呼んで開催

＊中高年男性の参加率が高い

たとえ専門家の肩書がなくても、地域には「近所の隠れた専門家」や「街の達人」がいるものです。そういう方たちからその道の話をうかがうことで、知らなかった世界を知り、心が豊かになれます。

質問や感想が飛び交う和気あいあいとした場で、ここから近所に知り合いができたという人もいました。コロナ禍が始まってからは定期的に開催できなくなってしまいましたが、Zoomなどのテレビ会議を使って開催するといったチャレンジも続けています。

隣人祭り⬇フリーマーケット⬇くぼっちフリマ

＊不定期で年に1回程度実施
＊若い世代も含めた多世代とのゆるやかなつながりの場

はじまりは、フランス発祥の「隣人祭り」でした。1999年、フランスでは猛暑のなか、あるマンションで孤立死が出たことをきっかけに、住民同士顔見知りになることを目的にした食事会が開催。これが隣人祭りとして、さまざまなやり方で世界に拡がり、日本でも2008年に新宿御苑で1回目が開催されました。

「荻窪家族プロジェクト」でも、隣人祭りをやってみよう！ということになり、レジデンスが完成する前から実施するようになりました。

隣人祭りの日本支部に登録し、本家のお墨付きを得て実施することになったのですが、その内容については自分たちで企画しなければなりませんでした。フランスの隣人祭りは飲み物や食べ物を持ち寄るものでしたが、よく知らない同士で食事を共にするのはハードルが高い、もっと気軽な場にできないか。

そこで出てきたのが、「家で余っているものを持ちより、交換しながらコミュニケーションを取ってもらったら？」というアイディア。言いかえれば、ものに出会いもついてくるわらしべ長者式の隣人祭り。

ミーティングで賛同を得て、隣人祭りは2012年4月に第1回目が開催されました。

当時はまだレジデンスが建っていなかったので、瑠璃川さん宅の母屋とアパートの間にあるスペースを活用。老若男女40人ほどの人々が集まった中には、何が起きていくのか気になってのぞいていくご近所さんの姿も。

近くの大田黒公園で拾った石を宝物のように握りしめてきた男の子がいたのですが、それは数回の交換を経てシャネルの香水となりました。まさに、わらしべ長者！

この隣人祭りは、レジデンスが完成してからはレジデンスのエントランススペースを使ったフリーマーケットに形を変えました。さらに、今では地域を巻き込んだ「くぼっちフリマ」になっています。

「くぼっちフリマ」は、レジデンス近くの大田黒公園を中心に、地域包括センターや社会福祉協議会他、企業や団体と連携しながら開催しているフリーマーケットです。ご近所同士の支え合い・助け合いのつながりをつくる小さな一歩として、使わない生活用品の譲渡・販売を通じての交流を目指しています。

百人力食堂

＊月1回、ランチタイムに開店
＊中高年の女性中心の来客
＊運営メンバーは料理好きのご近所さんの3名チームと、栄養士さんの資格を持つ人が中心のチームの2つで交互に運営

「住んでいる地域でみなが集う食堂を開きたい！」という運営メンバーの長年の夢を実現する場にもなっていた「百人力食堂」でしたが、家庭の事情などで継続が難しくなったりコロナの影響で閉店。ですが、食を介したつながりづくりの可能性に気付いた瑠璃川さんは、「食ラボ」という名の活動に形を変えて（お弁当を買ってきてみなで試食してみる、杉並区役所の栄養士さんを呼んで保存食を作るなど）継続。得意な人が先生になり、おはぎを作る会やらっきょを作る会が開催されています。

このように、継続が難しければ無理をしない、形を変えるのもあり。そういう意

識も大切です。

コロナ禍後は、食関連の催しがほとんどストップしましたが、コロナ禍で生活が困窮した方々のために何か行動したいと、サロンメンバーの有志でおにぎりを提供したこともありました。この時も無理はせず、それぞれの自宅でお米1合分をおにぎりにし、簡単なおかずとみそ玉と一緒に提供することにしました。フタを開けてみれば、ゆで卵やお菓子の寄付が加わった豪華なお弁当に。

受け取った方たちが実際に生活困窮者だったのかどうかはわかりませんが、身近な誰かに喜んでもらえたことだけは事実。このことに、コロナ禍で気持ちが落ち込んでいたメンバーも笑顔になり、お互いに意味のあるお弁当作りになりました。

裏百人力食堂

＊月1回程度、夜に開店

＊夜営業で、ランチ営業の「百人力食堂」とは異なる男性や若い人が多く参加

＊お酒やおつまみなどを提供する場をやりたいという夢を持つスタッフの一人が提案

荻窪の外に住む人、若い人の参加もあり、新たな刺激に出会える場として盛り上がっていました。しかし、提案してくれたスタッフが別の場所でさらに大きな夢を追いかけることに。継続が難しくなり、現在はなくなっています。やはり、運営する本人が身体も想いも無理なくできることが大前提。新たにやりたいという人が現れれば、その時はまたその人らしい形で始めればよいのです。

子育てサロン

＊毎週火曜日
＊子育てサロン会場を探していたＮＰＯに、社会福祉協議会の事業「きずなサロン」として有料で場所を提供

瑠璃川さんが子育てＮＰＯに関わっていたことから、「百人力サロン」を活動の場所として提供することに。

居住者たちとサロン参加者が直接関わることは少なかったですが、「子どもの声が聞こえるっていいね〜！」という感想を耳にしました。高齢者施設に入ったお母さまが外を通る幼稚園生に手を振ることを楽しみにしていたという瑠璃川さんのお話が重なります。声が聞こえるくらい、お互いの存在をなんとなく感じるくらいでも、気持ちを少し明るくすることもあるのですね。

百人力てらこや

＊月2回実施
＊地域住民が勉強を教え、こどもたちの居場所をつくりだす活動
＊スタッフの一人が学習支援に関わっていたため、場所を提供

小学生がたくさん集まる場となっていましたが、これもコロナ禍がきっかけで中断しました。「子育てサロン」と同じで、居住者たちと小学生が直接関わることはほとんどありませんでした。ですが、子どもたちが定期的に出入りすることは、住人に元気を与えるだけではなく、子どもたちにとって親や学校の先生以外の大人の姿を垣間見る貴重な機会になっていたと思います。

やはり、2020年からの新型コロナウイルスの流行で、多くの「百人力」のタネまきが影響を受けました。でも、代わりにコロナ禍だったからこそスタートしたもの、つながれた人もいます。

長い人生の時間も同じで、失ったことにとらわれるのではなく、状況に合わせて無理せず変化していくことも、「百人力」の考え方には必要です。

それでは、コロナ禍でスタートしたタネまきについてもご紹介します。

くぼっちハロウィン

＊ハロウィンイベントで地域の子育て家庭が高齢者や民生委員のお宅を訪問してお菓子をもらう
＊思い思いの仮装でレジデンスに集合してから出発
＊帝京大学の学生さんたちが誘導や設営などをサポート

近所の高齢の家庭に声をかけた時には、本場を知らないハロウィンにみなさんおっかなびっくり。子どもの喜びそうなお菓子を一所懸命に考え、準備にソワソワするシニアたち。アイディアを出し合い、大人だけでは思いつかないような楽しみを生み出すサポート役の学生さんたち。できることを出し合い、みんなで楽しめる時間となっています。

X'mas キャロリング

＊12月に開催されるクリスマスのイベント
＊地域の子どもたちが高齢者宅や商店などを訪れて、クリスマスソングを歌いダンスを披露
＊衣装は「百人力サロン」のメンバー手作りのガウンとベレー帽

シニアが子どもたちのために動いたハロウィン。キャロリングは、子どもたちがシニアに喜びを届ける時間として瑠璃川さんの思いつきから始まりました。家庭で眠っているシーツなどを持ち寄り、子どもたちの衣装を準備する手芸の得意な高齢女性たち。お孫さんがいなかったり、なかなか会えなかったりする人にとって、気分は「孫のために奮闘するおばあちゃん」なのかもしれません。

移動スーパーとくしまる

＊毎週水曜日の夕方に出店
＊軽トラックに大手スーパーから商品を積んでレジデンス前まで来てくれる

片道徒歩10分から15分のスーパーまで出かけて重い荷物を持って帰るのが大変、でも自分で品物を見て選びたい。サロンメンバーや住人の声から始まった移動スーパーの誘致でした。サロンにお誘いしてもすぐに顔を出すのは難しいという方も、まずはここなら顔を出せる。つながりをもつきっかけともなりつつあります。

キッチンカー

＊基本的に毎月第4月曜日に出店
＊住人さんのお店、身体に優しいヴィーガンフードカフェのキッチンカー

移動スーパーと同様、近場で健康によいお弁当が手に入るだけではなく、つながりを持つきっかけにも。高齢の方が多く利用する移動スーパーとは違い、若い人たちもチラホラ。多世代が顔見知りになる新たなタネになりそうな予感がしています。

朝体操

＊月～土曜日の朝9：40から1時間程度実施
＊お当番のスタッフとYouTubeを見ながらさまざまな体操をし、最後にラジオ体操第一と第二を行う

コロナ禍でほとんどすべての活動が止まり、聴こえてきたのは寂しさや不安を口にする元気のない声。敷地内の外のウッドデッキならば換気も心配ないし、動画を見ながらなら無理なくできると、「朝体操」が始まりました。買い物前に立ち寄り、終了後にそそくさと帰っていく人、おしゃべりが止まらない人、出入り自由でユル

ヤカに参加できる場として定着しています。

げんきっさ&夕焼け散歩

＊基本的に第3土曜日の14時から実施
＊帝京大学医療技術学部の佐藤真治先生とゼミ生が運営
＊「げんきっさ」は、帝京大学ゼミ生がコーヒーマイスターから学んでコーヒーを淹れてくれる癒しの喫茶タイム
＊「夕焼け散歩」は、「げんきっさ」の後に先生と学生と高齢者とが近所を散歩する

「荻窪家族プロジェクト」に興味を持ってくださった帝京大学医療技術学部の佐藤真治先生が、ゼミ学生を連れて「百人力サロン」に関わってくれています。おかげで、高齢者と学生という普通なら交わらない年代の交流が生まれ、双方とも刺激を受けているようです。

「げんきっさ」では学生が喫茶で高齢者をもてなしますが、高齢者の体験談を聴けたり、悩み相談ができたり、学生にとっても「百人力」を得られる関係性ができています。年齢差があり、普段から親しくしているわけでもないからこそ、家族や友だちのような深い関係ではかえって話せないようなことも話せるのでしょう。

「夕焼け散歩」は、佐藤先生の「運動は薬である」という考えの元で始まりました。高齢者と学生が一緒にご近所をゆっくりと散歩しながら、景色や季節を感じつつ1時間ほど交流の時間を持ちます。教科書でしか学んでこなかった高齢者の健康について、実際の関わりから知る貴重な機会になっているようです。

「荻窪家族レジデンス」の「百人力サロン」では、このようにさまざまな「百人力」のタネまきが行われています。

誰かがアイディアを思い付けば、「それは、あの人ならできるんじゃないか」とか「私ならできる！」という適任者や、やりたがっていた人に任せてみる。もし、やりたい気持ちがなくなったり環境が変わってできなくなったりすれば、いったんはやめてみればいい。

あなたがすべてをやろうとすればすぐに限界がきます。あなたも含め、決めつけに縛られない場や人の中で、やりたい人がやりたいことを、できる人ができることをやればいいのです。

そういう自由度があることが、「百人力のタネまき」には必要だと思っています。決めつけず、自由に軽やかに一歩踏み出せたら素敵ですよね。


ここでご紹介した「荻窪家族プロジェクト」は、あくまでも一例です。みんなが瑠璃川さんのように集合住宅を建てられるわけではないし、ここまで組織だった活動ができるわけでもありません。

ただ、「荻窪家族プロジェクト」を参考にして、ぜひ自分なりの百人力を考えてみていただきたいのです。どんな人にとっても、「百人力」は高齢期を充実させるために必要だと思うから。遅すぎることはありませんが、少しでも体力や気力があるうちに、自分の「百人力」のタネをまいていけるように意識してみてください。

第3章

「荻窪家族」が生み出す「百人力」の姿

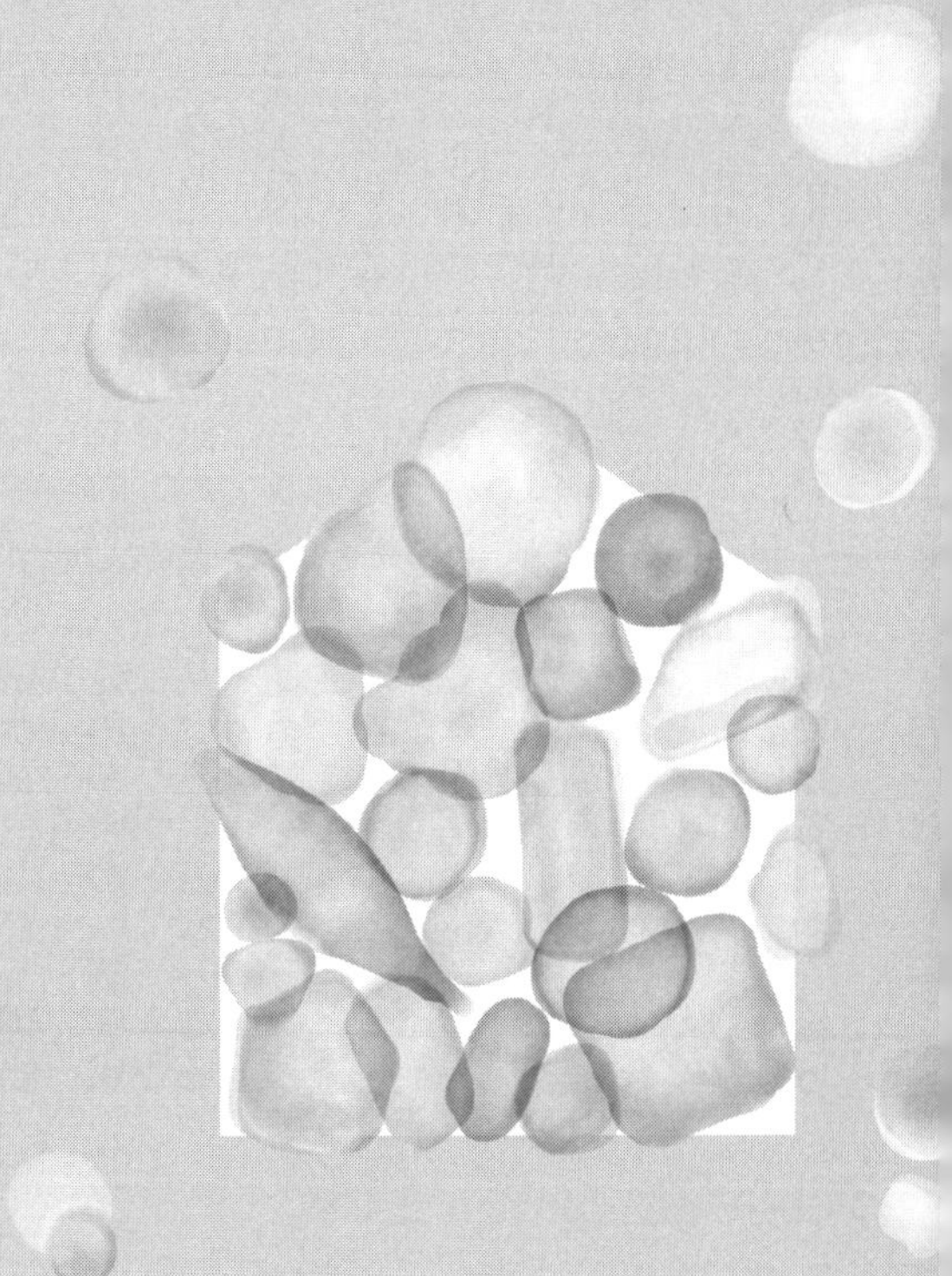

広がる「荻窪家族」の「百人力」

「荻窪家族プロジェクト」から始まり、そこに「荻窪家族レジデンス」という建物が建ち、そこでさまざまな「百人力のタネまき」が行われているのが今の「荻窪家族」です。瑠璃川さんを中心に、そのタネまきはご近所をはじめいろいろなところに発信されて、いつしかたくさんの人が思い切って一歩踏み出す力になったり、殻を破って変化をする刺激になったりしています。

「荻窪家族レジデンス」で暮らす人。ふらっとお茶会に参加した人。「荻窪家族」のご近所さん。「荻窪家族プロジェクト」に共感し、共に盛り上がってきた人たち。

その距離感はいろいろです。深く関わってきた人たちからほんの少し触れ合った人まで、「百人力」のつながりのなかで化学反応が起きています。それは大げさなことではなく、黙って下を向いていた人が自分から発言するようになるとか、自分だけで楽しんでいた趣味を披露してみたくなるとか、そういうちょっとした変化なのです。でも、そういう小さな変化も、自分の殻を破ったことに他ならないと思います。きっと、本人にとっては大きな変化であるはず。ほんの少し日常が変わるだけで、その人の世界が広がっていきます。

「荻窪家族」に関わっていると、そんな光景があちらこちらで見られるようになりました。そして、本人が意識していなかったとしても、その変化が新しい「百人力のタネまき」になっていることもあるのです。

「百人力」の輪は、こうやって広がっていくのだ……。いろいろな例を目の当たりにして、私はそれを実感しました。

では、「荻窪家族」に関わった人たちが、「百人力」に巻き込まれていく様子を振り返ってみます。

お互いの生き方から学ぶ

「荻窪家族レジデンス」が建ち、最初から、「百人力サロン」にたくさんの人が参加したわけではありません。散歩の途中に「何だろう？」のぞき込む人のように、まずは興味を持ってくれる人に知ってもらうことから始まりました。そこから少しずつお茶会に参加する人や活動に注目してくれる人が増え、知り合いを誘ってくる人もいて、つながりの場としての命が吹き込まれていきました。

今では、何の強制もなくマイペースにつながれる、初めての人にも気軽に参加できる場として「百人力サロン」は機能しています。

自分の老後を考えた時に、たとえばテレビで素敵に歳を重ねている人を取り上げていたとしても、その人はちょっと遠い存在ですよね。だから、すんなりとモデルケースにはなりません。

でも、「百人力サロン」で知りあう誰かとのふとしたやり取りから聴こえてくる実体験やそこから得られた知識は違う。まさに近くにいる等身大のモデルケースに触れることができます。「荻窪家族」に関わる人は、それをだんだん実感できるようになっていくのです。身近な人から話を聞き、それを学びにする。等身大だから、無理なく話が入ってくる。

それをきっかけに自分の生き方を見つめ直し、変化を恐れずに行動している人たちがいます。

CASE 1 Oさん　定年退職後の生き方を模索していたおひとりさま

会社員として定年まで勤めあげた、独身の女性。

退職後の生き方を模索して、公的な地域交流の場にもいくつか参加してみました。でも、何か違うという気持ちになるだけで、続けてはみるものの、前のめりに関わることができませんでした。

おそらく、集まってくる女性たちの多くは、長年主婦として家族に尽くしてきた人たち。ずっと一人で仕事を続けていた自分とは、どこか違うし、価値観も合わない。そう感じてしまっていました。

また、もともと密度の濃い関係を築くのが苦手なのです。「みんなで仲良くしましょう！、だって仲間だから！」という雰囲気に馴染めなかったのです。

でも、人とのつながりがまったくないままでいいとは思わないし、仕事中心で生きてきたから、ご近所に知り合いがいないのも不安……。

そんな時、散歩中に「荻窪家族レジデンス」の前を通り、看板を見かけて興味を持ったそうです。何度も躊躇しながらも、「私も入っていいですか？」と「ふらっとお茶会」に参加するようになりました。

はじめのうち、Oさんは「ふらっとお茶会」にやって来ても、自分から口を開くことはありませんでした。ただ、ひたすら黙ってみんなの話を聞いているだけ。

コロナ禍前にはお茶菓子も配っていましたが、それも「いらない」と受け取ろうとしません。「ふらっとお茶会」の前後も他の参加者と雑談するでもなく、終わったらまるで会議の後のようにそそくさとサロンを後にします。

瑠璃川さんが、「もし良かったら、連絡先を共有しましょう」とお茶会メンバーに提案した時も、「メールもやっていないし携帯も持っていないから、結構です」と加わりませんでした。もちろん無理強いすることではないので、「そうですか」とOさんのスタンスを尊重しました。

でも私は、「大丈夫かな？ 毎回いらっしゃるということは、イヤではないはず」と思い、お茶会の進行役として少しずつ声をかけるようにしてみました。

「自己紹介をしてみませんか？」

「いつも素敵なお洋服を着ていらっしゃいますね」

それに対してもOさんはあまり反応せず、やはりしゃべりませんでした。そして、ある時こうおっしゃったのです。

「私は、ここは無理にしゃべる必要がないから居心地が良くて来ているの。しゃべりたい時はしゃべるから、気にしないでくれて大丈夫」

無理につながる必要はない。私自身、そう提言していながら、ついつい「だって仲間だから!」を押し付けようとしていたことに気付いて、反省しました。

そして、お茶会の参加から1年が過ぎた頃、少しずつご自分のタイミングで口を開くようになってきました。お花の話題で盛り上がっていた時に、「そういえば私、この前、セツブンソウを見に行ったんです」のように。率先して話すわけではないけれど、お花が好きで知識もたくさん持っているOさんのタネが出てきたのです。

話をしなかった1年間は、確かに聞くだけで楽しんでいたのかもしれないけれど、緊張感を漂わせて座っていたのも事実。それがだんだん、お茶会という場に慣れてきて、自分らしくいられるちょうどいい距離感をつかんだのではないでしょうか。

おそらく、はじめの頃には無邪気に話しかける参加者もいたと思いますが、相槌を打ったりひと言で返事をしたりするだけで、あまり話には乗ってこなかったOさん。でも、そういう人には「あまりお話するタイプじゃないのね～」と放っておいてくれるのが、「百人力サロン」のいいところ。

だからこそOさんは気楽に自分のペースで参加でき、少しずつ自分もお茶会の話題に入っていくようになったのです。

実は放っておいてもらう間に、Oさんはたくさんの人の話を聞いて、生き方を学んでいたのです。

「今まで、仕事でご一緒する人がコミュニケーションを取るすべてだったから、違う生き方をしてきた人たちのお話を聞くのは楽しいですよ。いろんな人の人生を学べる。だから、ここに来ているの」

そう教えてくれました。確かに、だんだん話題に入ってくるようになったOさんの反応を見ていると、どんな話から学びを得ているのかわかります。

たとえば、専業主婦の参加者で盛り上がった「夫が面倒くさい」というぼやき。馴染みのない地方のお正月の話。そういった、Oさんのこれまでの人生とは無縁だった話にはとても興味深そうでした。

そして介護経験の話や地域活動の話からは、自分の一番の関心事である「今後の生き方」を学んで考えているようでした。

別に参加者とつながりたいわけではない。そんなふうに見えていたOさんが、1年かかってみんなとつながりはじめました。そしてなんと、これからもみんなとつながり続けるために、スマホを買うことを決意したのです！

これは、驚くべき変化でした。

「ねえ、私、スマホを買いたいんだけど。みなさんがやっていらっしゃるLINEをやりたいんだけど、どうしたらいいのかしら？」

お茶会での身近な高齢期の現状を聴いていたこともありますが、コロナ禍に一人家にいた時間を経験し、誰ともつながらないことに不安を覚えたようです。今、変われないと死ぬまで変われないかもしれない。「このままじゃマズい！」そう思ったと言います。

そこで、「百人カサロン」に関わっている大手電機通信会社出身の男性がOさんに付き添い、スマホを買いに行きました。無事にスマホを手に入れ、お茶会のLINEグループにも参加。

ただしOさんはおしゃべりしたいわけではないので、基本的にはLINEの連絡事項にだけ反応します。それでも、身近な誰かとオンラインでもつながっているということは事実。このことは、一人暮らしのOさんの毎日の安心をサポートする「百人力」といえます。

Oさんは、自分から人とコミュニケーションを取りにいくタイプではありませんでした。お付き合いの距離感を大事にし、人から過剰に構われることもあまり好きではない。

そういう人も、「自由に自分の好きな距離感で」いられる「百人力サロン」で、心地よい時間を過ごして学びを得る楽しみを知りました。そして、一歩踏み出して自分から人とつながるために行動したのです。

些細なことに思われるかもしれませんが、これは本当にスゴイこと、大きな変化なのです。

CASE 2 Sさん　シニア女性が中心のお茶会に参加する稀有な男性

大学時代や会社員時代の仲間とのつながりは、今もまだあるという男性のSさん。でも、そういう場では話せないことや、ご家族に話してもあまり反応がない話題を、「ふらっとお茶会」ではできるのが楽しいそうです。

もっと楽しいのが、自分が知らなかった世界がどんどん広がっていくこと。たとえば、生活が大変なおうちの子どもに安価で、あるいは無料で温かい食事を提供する「子ども食堂」の活動について、話が盛り上がったことがありました。Sさんもニュースなどで知識としては知ってはいたけれど、自分の住んでいる荻窪でも子ども食堂があり、困窮する子どもが身近にいることにまず驚きました。

そこから、「食事といえばね、アメリカの刑務所では高齢の受刑者用に流動食が用意されることもあるんだって！」と、子ども食堂からアメリカの刑務所の食事にまで話題が展開。今度は海外の事情に驚き、高齢化先進国の日本の刑務所の現状が気になり始めたようでした。

「ふらっとお茶会」に来ると、小さな地域のネタからどんどん話が広がって、自分が知らなかったことが次々に出てくる。まるで小さな世界が見えてくるようでおもしろい！　そうおっしゃっていました。

そしてご自分も、「ちょっと私、こんな話をしちゃってもいいですか？」と臆せず話題を投げてくれて、お茶会の活性化に大いに貢献してくれています。

女性たちも、数少ない男性が投げてくれる話題に興味津々です。「へ〜！　その話知らなかったわ。おもしろいわね！」と反応してくれます。そんな時のSさんは、とてもうれしそう。

実は、「荻窪家族プロジェクト」が新聞で紹介されるなど、マスコミでちょっと話題になった時には、それを見てこのお茶会に参加する男性たちも、ちらほらいらっしゃいました。ところが、話題をどんどん広げるシニア女性たち優勢の雰囲気のなかで、居心地が悪かったのでしょうか。

そういう男性たちとSさんとの大きな違いは、女性たちの話にうれしそうに耳を傾け、知らないことは素直に質問すること。答えと共に返ってくる「知らないなんて男性はダメね～」という愛あるやり取り、これを楽しめること。

やはり、女性たちの身近な話題を「つまらない」と感じる男性は、まだまだ少なくないのかもしれません。むしろ、自分の知っている世界情勢や経済の知識、偉い先生の発表した研究成果こそが重要で役に立つ、という考え方の男性が多いような気がします。

それをシェアしてくださるのは、とてもありがたいことです。ただ、それでは自分が与える側になるばかりで、受け取る立場になることはありませんよね。すると、「荻窪家族」のコンセプトのひとつである「お互いさま」が生まれにくい。その点、Sさんは何でもおもしろがり、学びととらえることができる稀有な男性です。

今もこの「ふらっとお茶会」を楽しんでいて、おそらく日常生活のなかでも、アンテナを高く立てて、ちょっとでもおもしろそうなことがあればキャッチし、「これはお茶会で話題にできるぞ！」と意識していてくださるのではないでしょうか。

CASE 3 ゼミの一環で「荻窪家族」に関わっている大学生たち

「百人力」の輪が広がるのは、何も高齢者限定ではありません。基本的に、どの年代にでも「百人力」はあるべきで、特に困りごとを抱えた人や高齢者になるとコミュニティが狭くなるので、「百人力」がより貴重になってくるというだけです。「百人力」の本来の狙いは、世代や性差、立場に関わらず、ゆるやかにつながりを持っていくことなのです。

第2章でも触れましたが、「荻窪家族プロジェクト」には大学生も関わっています。それは、帝京大学医療技術学部の佐藤真治先生が、「荻窪家族」に共感し、ご自分の研究フィールドとして、「百人力サロン」での活動に協力してくださっているからです。

佐藤先生のゼミの学生たちは、「百人カサロン」で開催するカフェタイムの「げんきっさ」と、その後にお散歩をする「夕焼け散歩」を運営してくれています。

定期的にやって来る学生たちは、だんだん高齢者たちとも顔なじみになって、世代を超えて親しく話をするようになっていきます。そして「今、就活中だけれど、自分のやりたいこととマッチングする仕事がなかなかない」「将来の夢が見えない」といった相談や悩みまで、荻窪のシニアたちに打ち明ける学生もいるそうです。

顔なじみとはいえ、毎日顔を合わせる家族や友だちではなく、月に1回程度会う、年齢差が何十歳もある荻窪のシニアになぜ話すのでしょうか。

それは、「家族ではないからこそ、また近しい関係ではないからこそ、いろいろなしがらみを越えて話せる」ということです。

たとえば自分の就活の悩みに対して、荻窪のシニアたちは「そんな甘いことといってもね」「趣味は趣味。趣味でご飯は食べられないの」とハッキリ言います。もし同じことを家族からいわれたら……、就職先が決まった仲間にいわれたらカチンとくる。でも、たまに会う人生経験豊富なおばあちゃんにいわれることなら素直に聞ける。確かに、そういうものですよね。

学生にとって、シニアは人生の大先輩。ほどよい距離感で交流し、その声に素直に耳を傾けているうちに、大学やバイト先で同じ世代と話すのとは違う価値観を手に入れて、世界が広がっていきます。

今の若い世代には、「こんなことをいったら、人から悪く思われるんじゃないか」「相手を傷つけてはいけない」と気を遣い過ぎるきらいがありますが、まさに帝京大学のゼミ生たちも、そういう繊細さを持ち合わせています。

そんなゼミ生たちの中でも、特にいつもまわりの目を気にして、あまり自分から話さない大学院生がいました。

それが、「荻窪家族」でシニアたちと触れ合ううちに、少しずつ話すようになりました。表情に乏しい無口な若者だったのに、シニアと向き合う時は笑顔で話をしてくれます。

今では、佐藤先生も「彼はずいぶん変わったね！」と驚くほどコミュニケーションを取れるようになり、楽し気に「荻窪家族」に来てくれるようになりました。

また、シニア側にも変化が見られています。これまで若い人と話をする機会がなかなかなかったために、「今の若い子は、話が通じる相手ではない」「ちゃらちゃらしているんじゃないか」といった先入観が少なからずあったかもしれませんが、実際に交流すると「いい子たちじゃない！」「素直で優しいわ」と評価が変わってきました。

若者も「高齢者はめんどくさい」という偏見を持っていたかもしれません。

人のイメージを決めつけてはいけない。当たり前のことでも、身近に接点がなければ、テレビなどが創りだすイメージがすべてになりがち。顔なじみになって、お互いにそれに気付くことができた。これも「百人力」から生まれた学びのおかげであることを、多くの参加者が感じていると思います。

小さなおすそ分け

自分にとっては何でもない日常生活。それを他の人とシェアした時に喜んでもらえたら、「そんなに喜んでもらえることだった？　うれしいからまたやろう！」という気持ちになれます。

たとえば、おいしいもののレシピを教えてみんなで一緒に作ってみるとか、使い慣れているスマホの機能を紹介するとか、「その道のプロ」というほどでなくても、ちょっと得意なことやできることでいいのです。

趣味や得意なことは、それをやっている本人には「自分はプロではないから」という意識があって、大したことではないと思いがちです。でも、人から見ると「まるでプロみたい！」「すごい！」と称賛されて、そこではじめて自分のスキルに気付きます。そして、自信という生活の張りを手に入れていくのです。

「百人カサロン」では、誰かの「得意」をキャッチしておすそ分けのつながりを作りだしています。そんなつながりができると本人に自信がつくだけでなく、「気にする、気にしてもらう」というお互いさまの関係性が生まれます。それを意図していたわけではないのですが、結果的によい方向に進んでいると思います。

ボランティアのように意識的に「人の役に立つ！」ということでなくても、日常のなかで少し自分のできることをおすそ分けするだけで、温かいつながりが拡がっていったら素敵ですよね。

CASE 1 Sさん　レジデンス完成当時の最高齢入居者

高齢になり、施設に入ろうかといろいろ見て回ったけれど、制約だらけ、窓も自分で開けられないように固定された部屋に納得せず迷っていたSさん。お世話をされるだけの立場にはなりたくないと考えていたSさんにとって、ちょうど完成した「荻窪家族レジデンス」は理想的な住まいに思えました。

少しでも「できることは自分でやる！」という主義で、いつも動いているタイプ。そのうえ、自分のできることがもし人の役に立てばうれしいと考えているようでした。季節ごとに座布団カバーをかけ替えるのを忘れず、瑠璃川さんに「そろそろ替える？」と確認をとってササっと替えるのもSさん。

そんなSさんは、大の植物好きでもありました。

ご自宅のお庭でたくさんの植物を育てていたけれど、「荻窪家族レジデンス」への引越しを機にそれがなくなってしまい寂しかった……。それを聞いた瑠璃川さんが、「じゃあレジデンスに植えるから、何か植物を分けてくれる？」とお願いすると、お庭で育てていた菊をたくさん持ってきて植えてくれたのです。

おかげでレジデンスには菊が美しく咲き乱れるようになりました。それをご近所の方たちが「きれいね～、菊ってこんなに種類があるのね！」とほめてくれるのを耳にして、ますます張り切ってお世話もしてくれるようになったのです。

サロンに来る人たちにも大好評！　そこで瑠璃川さんの声がけによって、Sさんを講師に菊の挿し芽の株分け教室を開催することになりました。たくさんの人が自宅に菊を持ち帰ることができ、今も大切に育てています。Sさんのご自宅の菊が、どんどん広がっていったのです。

これをきっかけに、Sさんとサロン参加者にはちょっとしたつながりが生まれました。サロンメンバーが「Sさん元気にしているかな？」と気にかける一方で、Sさんも「みなさんは、菊のお世話が大変じゃないかしら？　わからないことはないかしら？」と気遣い合う関係になったのです。

そして、いよいよSさんが自力での生活が困難になってきた時のことです。このまま「荻窪家族レジデンス」に住み続けるのか、それとも施設に入るのか、悩みに悩みます。揺れ動く気持ちをつぶやける関係性ができあがっていました。

「荻窪家族レジデンス」は、「望む限り最後まで住み続けられる場所に」という想いで建てられたのですが、それが可能かどうかは人それぞれ。Sさんは、どうするのか、かなり悩みましたが、家族がいて自分をわかってくれる人たちがいて、時には相談できることで、答えを出すことができました。

Sさんの決断は、施設に入ること。レジデンスを去っていきましたが、今でも菊の季節や座布団のかけ替えの時期には「お元気かしら?」とSさんの話題で盛り上がります。

CASE 2 Kさん 現在、最高齢のレジデンス入居者

長年、瀬戸内のとある町で暮らしてきたKさん。ご主人を亡くされて一人になり、娘さんが暮らす荻窪に引っ越してきました。

瀬戸内ではお寺の奥さんとして檀家さんの生活を気にかける毎日。人に対してのちょっとした気遣いが、無理なく自然にできる女性です。むしろ、気遣いをしないと気持ち悪いという域で、やらずにはいられないようです。

そしてもちろん、人に喜んでもらえることがうれしい、それが性分。

たとえば百人力サロンに人が集まっている時にも、「何かできることはないかしら」

とキョロキョロと目配りしてしまうほどです。

いつの間にか炊き立てのご飯でおにぎりを作って差し入れ、「ありがとうございます！」と言われたらうれしそうに笑っています。おにぎりの材料はいつでも冷蔵庫にストックされているようです。

Kさんがよくおっしゃるのは、「おしのぎにどうぞ」。「おしのぎ」とは、食事の時間以外に空腹をしのぐために出される軽食のこと。いつも誰かがお腹を空かせていないか、自然に気遣うKさんらしい言葉です。「百人力サロン」でこの言葉が流行るほど、いつもサッとKさんはおしのぎを用意してくれます。


とにかく、喜ばれることが大好き！「喜ばれると嬉しくなって、もっとしたくなるの」と言います。

おそらく、これがKさんの元気の秘訣です。もし施設に入って、人のためにちょっとした行動をするという喜びを奪われたら、91歳という高齢でこんなにも元気でいられなかったかもしれません。

他にも、しばらく顔を見かけないサロンの参加者を気遣って差し入れを届けたり、季節の行事に合わせた折り紙を折ってレジデンスの玄関先に飾ったり、人のためでもあるけれど、喜ばれることが自分の喜びだからやってくれています。

これも、好きなことや得意なことのシェアです。それを受け取る側も、素直に喜んで受け取ってくれるから、Kさんの喜びになっているように感じられます。

すると、こんなKさんのことを、みんな自然と気にかけるようになります。Kさんがお部屋にこもってなかなか顔を見せなければ、「具合が悪いのでは？」と心配する人が出てきて、瑠璃川さんが様子を見に行くこともあります。

Kさんがより高齢になってどう暮らしていくかを悩んだ時には、多くの人がいろいろな知恵を持ち寄るのではないでしょうか。

CASE 3

Nさん　マイペースにサロンに参加するご近所さん

Nさんは、「荻窪家族レジデンス」のすぐ近くに住んでいるご近所さんです。他の高齢者向けの集まりにもいろいろ参加しているようですが、「荻窪家族」の「百人力サロン」はひと味違うと思って気に入っている様子。

それは、気持ちが向かない時、家族に手助けが必要な時には参加しない、無理していつもいつも参加しなくてもいいから。自分のペースやタイミングで参加すればいいいし、人との関わり方もマイペース。そこを気に入って、好きな時に参加しています。

昔の主婦の鑑のような人で、手仕事が得意。季節ごとにやるべきことはしっかりやるので、おせち料理の手作りやふとんの打ち直しをきちんとやるそうです。厳格なお姑さん，昔気質なご主人の元で、主婦業をしっかりこなしてきました。

ある時、Nさんがらっきょ作りの話をした時に、瑠璃川さんが「らっきょ、作りたいわね。教えてよ！」と言いました。

Nさんは、「そんな、私なんて教えられない」と恐縮したのですが、「まあまあ、私が作ってみたいだけだから、3人ぐらいの少人数ならいいでしょう？」と瑠璃川さんはうまく話を進めて、Nさんを先生にミニ教室を開くことに成功しました。参加者は大喜び！

すると、控えめなNさんも、次の年には「そろそろ季節だけれど、また作ってみる？」と自分から提案してくれるようになったのです。

また、得意のおはぎを差し入れてくれた時に大好評だったので、みんなで「おはぎを作る会」が開かれたこともあります。Nさんが簡単におはぎを作れるように準備をして、「食べたい！」と盛り上がった人たちでおはぎ作りをしたのです。まわりも先生扱いせずに、「得意なのね、じゃあ教えて！」という感じで盛り上がり、Nさんも恐縮せずに、快く得意をおすそ分けしてくださいました。

Nさんは、まさに昔風のご家庭の主婦として、お姑さんにも仕えてきました。家事がお得意とはいえ、心が疲れることもあったと思います。

でも、お姑さんの介護で家を空けられない頃にも、近くの公園で行われるラジオ体操や地域の子育て支援を行うことへの理解は得られていた。それが大きないやしになって、介護に向き合えていたそうです。

そして今は、やはりご家庭の事情で自由に動けないけれど、「荻窪家族」の「ふらっとお茶会」や「朝体操」に来ることで楽しいひと時を過ごし、帰っていく。Nさんにとって、「百人力サロン」は深呼吸ができる場になっているようです。いずれ、本当に百人分の力になるといい。私たちはそう思っています。

もともとても近くに住んでいたのに、顔を知っている程度で関わりのなかったNさんと瑠璃川さんが、「荻窪家族」をきっかけに交流を持てた。よいご近所関係をこれからも築いていきたいと、お互いに感謝しているようです。

そして交流が持てたからこそ、Nさんの得意なことがシェアされて、たくさんの人の「楽しい」や「おいしい」につながったわけです。2人の関係だけで終わらない広がりこそが、「百人力」なのです。

CASE 4 Aさん　自閉症スペクトラム障がいを持つレジデンス入居者

シニア女性が多い「荻窪家族レジデンス」入居者の中で、Aさんは30代の男性です。Aさんは対人関係が苦手なので、いきなり一人で暮らすことは難しい。生活するために必要なことを増やしていく場として、住人がゆるやかに気にし合うレジデンスで週末を過ごすことが最適だったようです。

民間の老人ホームで総務の仕事をしているAさん。一人暮らしを目指しているだけに、自分ができる役割があるなら、それをこなそうという意欲があります。だから、瑠璃川さんは入居当時からお風呂掃除や床掃除をお願いすることにしました。

さらに、絵を描く才能も！　素敵な絵を描いてはそれを披露してくれるので、もちろんレジデンスの共有スペースにもAさんの絵が飾られています。

それだけでなく、瑠璃川さんは、「隣人まつり&フリーマーケット」で個展を開催し、Aさんの絵を大勢の人に見てもらうようにしました。

Aさんは、できることや得意なことをおすそ分けすることで、人に喜んでもらえることが素直にうれしいようです。それはきっと、Aさんの大きな自信につながっていると思います。

実は瑠璃川さんは、Aさんの入居を決めた時に、他の入居者さんがどう感じるのかを少し心配していたといいます。オーナーとしては、「荻窪家族」を理解して一員となってくれる人に入居してもらいたいから、迷いはありませんでした。ただ、他の入居者の想いまではわかりません。

しかし、今ではそれが杞憂だったことがわかりました。

基本的に、入居者さんたちは自分の生活を大切にして、必要以上にまわりと関わろうとすることはありません。ただ、同じ家に住む者同士という意識はあって、お互いをそれとなく気遣い合う。そのなかで、得意や好きなことのちょっとしたおすそ分けが広がっている。その絶妙な距離感ができあがっています。

それは、Aさんに対しても同じ。姿を見かければ声をかけるし、お風呂掃除や床掃除をやってもらったら感謝をし、披露してもらった絵が素敵だったらほめて飾る。

そのくらいの深くなり過ぎない関係性が温かいと、瑠璃川さんは感じています。

CASE 5 Hさん　お友だちを誘って「ふらっとお茶会」に参加するご近所さん

誰にでも臆せず声をかけることができるHさん。

ある日、近所で通りすがりの高齢女性が疲れて座っているのを見つけた時にも、気になってさっそく声をかけたそうです。

そこまでなら、よくある話かもしれません。でもHさんのすごいところは、1時間ほどおしゃべりをして、「うちがそばだから来ない?」と初対面の女性を家に招き入れ一緒に楽しんで仲良くなるところ。

親切に人に声をかける高齢女性は多いと思いますが、ここまでやる人は決して多くないと思います。ですから、これはまさにHさんの特技といえるでしょう。

そんなHさんですから、参加している「荻窪家族」の「ふらっとお茶会」にも、ご近所で気になる人や仲間を誘わずにはいられません。大手術のあとに閉じこもりがちになっていた近所の女性を連れてきたこともあります。これは、福祉の専門家なんかにはできない、Hさんの「気になったから」が成せる技ですよね。

「楽しいから」と誘われ、何の場かわからずに参加するようになった仲良しのTさん。距離がもっと縮まったのか、ランチをはじめ一日バスツアーなどにも参加する仲に。行動的な2人のお話は、「ふらっとお茶会」に活気をもたらしています。

「できる！　やりたい！」をカタチにする

そもそも瑠璃川さんは、「荻窪家族プロジェクト」を自分のために立ち上げました。

人のためにやってあげるのではなく、自分のためにやる。

運営に関わるスタッフたちも、「百人力サロン」参加者のために働くというよりは、「荻窪家族プロジェクト」に共感して一緒にやりたいからスタッフとして運営に関わる、というスタンスですから、時給も発生しないし交通費すら出ません。

それでもプロジェクトに参加することが、何か自分の学びや楽しみになると考えて、通ってきてくれています。

「百人力のタネまき」で大事なのは、何よりも「お互いさま」だと思います。

「やってあげる」のではなく、その人の「できる！」や「やりたい！」をカタチにしていくこと。そのことでまわりを元気にしていくことこそが、「百人力」の醍醐味なのです。

CASE 1

Tさん　仲良しに誘われて「ふらっとお茶会」に来るようになったご近所さん

前述の「誰にでも臆せず声をかけるHさん」に誘われて、「朝体操」や「ふらっとお茶会」に参加するようになったTさん。あまり自分から行動するタイプではありませんが、Hさんの誘いは喜んで受けて、「百人力サロン」以外にも、2人でランチや一日バスツアーに出かけて楽しんでいることは先にも触れました。

少しずつお話をするうちに、手芸が得意な方だということがわかりました。朝4時頃に起きて、黙々と手芸に打ち込んでいるそうです。

でも、できた作品を誰かにプレゼントするわけではありません。ただただ、自分が楽しいから、というだけでいつも手芸に熱中していました。

それが「百人力サロン」に顔を出すようになったある日、古くなったセーターなどをほどいてリフォームし、きれいなキッチンマットを作り、瑠璃川さんに持ってきてくれたのです。それが、みんなに大好評！
「私もほしい！」と盛り上がりました。「じゃあ、みんな古着を持ってきて！」とTさんもその気になったところ、たくさんの毛糸製の衣類があっという間に集められました。その古着を裂き織りにしてリメイクし、Tさんは次々と美しい敷物を作り出します。作品はどんどん溜まり、それを「百人力サロン」主催のフリーマーケットに出したら、かなり売れました。

この出来事が、Tさんのやる気に火を付けました。やはり、自分の作った作品が売れるということがうれしいし、「素敵！」とか「ほしいわあ」と言われることもうれしい。何より手芸が大好きで得意。やりたい！　だから、これが彼女のルーティンワークになりました。

もともとは自分から「私は手芸が得意だから、作るわよ！」と積極的にその腕前を披露したわけではありません。たまたま瑠璃川さんにプレゼントした作品をみんなが見て、「素敵！」と話題になったところから、新しい世界が開けていきました。

自ら行動したわけではないけれど、近所の仲良しに誘われた時に億劫に思わずに

「百人カサロン」に参加したことが、自分には手芸という武器があることに気付かせてくれたのです。

それからはフリーマーケットで作品を売るだけでなく、自分にできることを見つけるようになりました。クリスマスの時期に子どもたちが近所のお宅をまわって歌を歌う「X'mas キャロリング」のイベントで、おそろいの衣装を作った時にも大活躍。百円ショップに通って材料を集め、かわいい衣装を完成させました。

すてきな衣装を着て子どもたちも親もうれしそう、歌いに行った先でも喜ばれ、みんなの笑顔にニッコリなTさんでした。

Tさんは、人のために、という意識で行動しているわけではありません。楽しくて、自分の好きなことをやっているだけ。でも、それが結果的に、人のためにもなっているということなのです。

もちろん、人のためになることがうれしいという気持ちがあるからこそ、続けられるし、新しいことにもチャレンジできるのだと思います。でもそれは、あくまでも結果であって目的ではありません。

こんなふうに、気付いたらいつの間にか「できる！　やりたい！」をカタチにするために頑張るようになったTさん。Hさんに誘われなければ、出会うことのなかったおしゃべり仲間たちに喜ばれることが、その大きな原動力となっています。

CASE 2 Sさん 「荻窪家族」に関わるスタッフのお父様

名古屋を拠点に現役バリバリで研究職で仕事をしてきた80代男性のSさん。70代に入り、遅まきながらですが、自宅のある横浜を拠点に退職後の時間の過ごし方を考え始めました。

名古屋では、仕事の一環として専門知識を生かして、地域の子どもやシニア、経営者に向けた講座や塾で講師をしていました。退職後も続けてほしいという声があったものの、体力的に名古屋に通い続ける自信もない。
自宅の近辺で何かできないか、と模索する日々を過ごしていました。

そんな時でした、「荻窪家族」のスタッフとして活動する娘から、「チョコっと塾」でお話をしないかというお誘いがありました。娘の誘いだし、まあ一回くらいならと引き受けて、講座は無事に終わりました。講座には、「ふらっとお茶会」の常連さんだけでなく、ご近所の男性たちの参加もあり大好評。

今でも年に一回、コロナ禍はオンラインで講座は続いています。回数を増やしてほしいという声もありましたが、自宅から荻窪まで1時間半という距離と、住んでいる場所の近くでの新たなタネを探していることもあって、これ以上の関わりには発展していません。

ですが、講座を心待ちにする顔なじみやファンもでき、Sさんにとって「荻窪家族」は、ほどよい距離感で関わる心地よい居場所のひとつになりつつあります。

実は、「荻窪家族」と関わる前のSさんは、自分の知識を世に伝えたいと、組織を作り、事務局を設置してオンラインで配信するなど、大きな活動を考えていました。しかし、身の丈にあったやり方もあるのではないかと、それをイメージできるヒントをもらえたのがこの「チョコっと塾」でした。

今では、無理のない範囲で、オンラインも活用しながら自宅から顔の見えるくらいの人数を相手にしたセミナーを行っています。

この「荻窪家族」での活動は、これまで仕事一辺倒で、地域のことをほとんど知らなかったSさんにとって、今までとは全く違う人と出会えるきっかけになったのです。地域の活動を知る機会にもなり、Sさんにとっての学びの場にもなっています。

CASE 3 Uさん　大学に勤務する看護師さん

「暮らしの保健室」（72ページ参照）という、新宿区から始まった取り組みがあります。病院に行くほどではないけれど、ちょっと不安になった時に、「最近、気分が落ち込みがちで」とか「お腹がよく痛くなる」等の相談できる場所が地域の中にあればいいというコンセプトで、今は全国に広がっています。誰もが予約なしで気軽に無料相談できる、まちの保健室のような場です。

先述したように「荻窪家族」にも、保健医療福祉の専門職がボランティアで参加している「荻窪暮らしの保健室」があります。

心配事があったら、それが悪化する前に専門家に相談してほしい。おしゃべりをするだけでもいいので、気軽に立ち寄ってほしい。荻窪にもそんな場所があるといいという瑠璃川さんの想いが、「荻窪家族」の「荻窪暮らしの保健室」の開設につながりました。

ここに専門家として参加している、看護師のUさん。実は、Uさんは荻窪の住民ではありません。横浜に住んでいて、大学教員の仕事も持ちながら遠い荻窪まで通ってきています。

時間的にも距離的にも負担は軽くないはずですが、Uさんは熱心に活動していま
す。それは、「荻窪暮らしの保健室」がUさんにとって、以前からずっとやってみ
たいことだったから。

Uさんは研究活動の中で、「高齢者の過ごす場所&居心地」をキーワードにフィー
ルドワークをしていて、その中で保健医療福祉職ができることは何かを考えてきた
そうです。

そんな時に知り合った瑠璃川さんによる「荻窪家族プロジェクト」は、考えるだ
けでなく実践する絶好の場であったということになります。

Uさんご自身は、今は現役で働く世代で、これから高齢者になっていく人です。
でも、今のうちから自分のやりたいことをカタチにして、大学を退職した後につな
げていこうと考えています。

具体的には、ご自身の地元で「暮らしの保健室」のような場作りに取り組みたい
とのことです。そういうアイディアをいきなりカタチにするのは難しいですが、今、「荻

窪家族プロジェクト」に賛同して活動することで、たくさんの経験や情報を得られるというメリットがあります。

Uさんの活動は荻窪のシニアのために役立っているけれど、何よりも自分自身の高齢期を見据えた生きがい作りの「百人力」となっています。

ゆらぎに寄り添う

「荻窪家族レジデンス」の入居者には、その人が望む限り最後まで住み続けてもらいたい。同じように、地域の人たちにもみな、住み慣れた自宅で最期を迎えていただきたい。そのために、地域で「百人力」に助けてもらおう。それが、「荻窪家族プロジェクト」のはじめの構想でした。

しかし、実際には簡単ではない、一括りで答えを見つけるのは難しいことがわかってきました。人それぞれの環境が違うし、終末期の身体の状態によっても違いがある。一概に家で最期を迎えることがいいのかどうかはわからないのです。

瑠璃川さんは、レジデンスの入居者の手を取って看取る覚悟を持っていましたが、それだけが答えではないことに気付きました。一番大切なのは、「どう人生の終末期を過ごせばいいのか」という人それぞれのゆらぎに寄り添うこと。

ここでは、「荻窪家族」の寄り添いを力にして自らの道を決めた人、そして、寄り添いに自分らしさを見出している人について紹介します。

CASE 1 Iさん　以前はご近所に住んでいたレジデンスの入居者

「荻窪家族」のご近所に住むIさん。とてもしっかりした女性で、自分の高齢期についても「こうありたい」というビジョンを明確に持っていました。介護サービスの現状にも詳しく、問題意識を持ってご自身のあり方を考えている方でした。

近所にできた「荻窪家族」を知り、「ふらっとお茶会」に参加するようになりました。

つかず離れずな雰囲気が気に入ったようで、たとえ足が痛くても、ごく近い距離をタクシーで来るほど。このなかで、ご自身の終の棲家として「荻窪レジデンス」にも興味を持っていったようです。

実はIさん、ご主人を亡くされて、大きな一軒家で一人暮らし。お隣に娘さんが住んでいるのですが、「ハッキリした考えを持ったお母さんは、一般的な介護施設にはなじまないだろう」と考えて、さて、この先はどうしようかというところでした。

よさそうと思えても、即断するのも難しいので、Iさんはまずレジデンスを借りて、自宅と並行して週に1泊だけ住んでみることにしました。

5、6年もの間、行きつ戻りつする生活のなかで、いろいろなことを体験して納得していったのでしょう。

介護サービスを使い始めてからも、レジデンスで自分らしい暮らしとご自宅での生活を楽しんでいました。しかし、だんだん体が思うように動かなくなって「ふらっとお茶会」への参加も難しくなっていくと、少しずつ心境の変化がありました。弱っていく自分への不安。まわりに世話をかけてしまうことへの遠慮。でも、やはり施設に入るのは気が進まない……。

Ｉさんは悩みに悩みました。その時にＩさんに寄り添ったのは、娘さんだけでなく瑠璃川さんや「百人力サロン」で言葉を交わした仲間たちでした。

多くのシニアのみなさんにとっての身近で寄り添う存在は、子どもをはじめ親族だと思います。でも親族にはいえないこと、逆に近すぎて親族には見えないこともあります。ご家族が身近におらず、頼る人がいなくて、たった一人で悩まなくてはならないケースも少なくないと思います。

しかし、「百人力」のネットワークがあれば、親族でなくても親しい友人でなくても、寄り添ってくれる存在とつながれる。これって心強いと思いませんか。

結局、Ｉさんは施設に移ることを自分で決断して、転居していきました。「やっぱり施設にはいられない！」と戻ってくるのではないかと、みんなで噂をしていましたが、とてもご自身に合っている施設を見つけられたようで、今のところその様子はありません。それも、寄り添う人たちからたくさんの情報やアドバイスをもらって自分自身で決断できたからではないでしょうか。

Iさんが落ち着いたら、みんなで訪ねていってみようと楽しみにしている人たちもいます。

もしかすると、Iさんの方からも施設からタクシーに乗って「ふらっとお茶会」に参加してくれるかもしれない。瑠璃川さんも私も、みなで期待して待っています。

CASE 2 Kさん　地域包括支援センターに勤務していた方

地域包括支援センターの職員として、「百人カサロン」での「ふらっとお茶会」の様子を見にやって来たのが、Kさんが「荻窪家族」と関わるようになったきっかけでした。地域住民との接点のひとつと考えて、「百人カサロン」に注目していたようです。

福祉の専門職として実際に支援が必要となった人と向き合う日々のなかで、「もっと早くに、こんなに悪い状態になるまでに何かできたのでは」と考えて限界を感じることも多かったというKさん。「百人力サロン」や「荻窪暮らしの保健室」について知るにつれて、「もしかすると、ここでなら自分に何かできるのでは」と感じて、時にはプライベートの時間も使いながら定期的に「荻窪家族」に来てくれるようになりました。

地域包括支援センターの職員としては、具体的な相談にはいくらでも乗れます。でも、そこまで具体的になっていないシニアたちのちょっとした不安に寄り添うことも、Kさんにとっては大事に感じられたのです。

今は支援センターを退職して、自分の考える地域の寄り添い方を「荻窪家族」に見出しています。必ずしも、最後は施設や専門家のサービスに頼る必要はない。ただ、自分が何を選択するかの決断をする時に、さまざまな情報に触れた方がいい。その情報の中に、専門家の意見やアドバイスがあればやはり安心です。

迷いながら自分の終末を模索するシニアたちにとって、専門家でもあり、身近な

「百人力サロン」の仲間でもあるKさんは強い味方になっています。

CASE 3 瑠璃川正子さん　プロジェクトを立ち上げた「荻窪家族」のオーナー

自分にとっても、また入居者にとっても、終の棲家となる場所を作る。それが、瑠璃川さんが考える「荻窪家族レジデンス」のコンセプトでした。

ただ、すべての人にマッチする終の棲家になり得るかどうかはわからない。しばらく経ってから、それに気付きはじめました。

瑠璃川さんもレジデンス完成当時は60代半ばでまだまだ元気だったからこそ、「百人力をもつことで、今の住まいで豊かに歳を重ねられる!」という気持ちでいました。でも、実際に施設に移ったIさん（133ページ参照）のゆらぎに寄り添うなかで、気持ちだけではどうにもならないことも知ったのです。

それでも、もしレジデンスで最期を迎えたい入居者がいれば、その人にできる範囲で寄り添いたい。「荻窪家族レジデンス」を出て、より自分らしい環境を求める入居者がいれば、その人にもまた寄り添いたい。それが瑠璃川さんです。

そして時を経て、瑠璃川さん自身も70代半ばとなりました。入居者にも「百人力サロン」参加者にも90代のシニアがいることを考えれば、まだまだ若い方です。それでも、世間的には十分高齢者と呼ばれる年代になっています。

そんな今、つながりのある人たちのゆらぎに寄り添ってきたことで、自分に「百人力」が返ってきていると感じているそうです。

いずれ自分がもっと老いていくことを考えると、築いてきた「百人力」をどう次の世代に受け渡すか、どうすれば「百人力」が存続していくのか、よく考えるようになりました。そして、その想いを「百人力」の仲間につぶやくと、いろいろな情報やアイディアが集まってくるようになっています。

また、体調面の心配事など、今までなら自分が相談に乗って寄り添ってきたような、人生の最終章に入っていく心のゆらぎを自身でも経験するようになってきつつある今。自分に寄り添ってくれる関係性が築かれていることに安心感を覚えています。ゆらぎに寄り添う立場から、寄り添ってもらう立場へ。これこそが「お互いさま」です。「百人力」は1対1の関係ではなく、広がったネットワークのなかに還元されていくものなのだと腑に落ちています。

元は、「自分が介護される頃には、高齢者の置かれる環境はどうなっているのか」という問いから始まったのが、瑠璃川さんの「荻窪家族プロジェクト」でした。これからの時期はまさに、瑠璃川さんが介護される可能性のある年代に入っていきます。

今までに築いてきた「百人力」があるから、瑠璃川さんはおそらく、自分のこれからをポジティブに過ごしていけるのではないでしょうか。そういう姿をいつか実際に瑠璃川さん自身が見せてくれたら、「荻窪家族プロジェクト」の成功を確信できるような気がします。とはいえ、その後も「百人力」のタネはさまざまな場所で芽を出し、枝をのばしていきます。「荻窪家族プロジェクト」は常に途中で、終わりはないのだと、これまでの歩みから学びつつあります。

第4章

あなたなら どんなタネをまく？

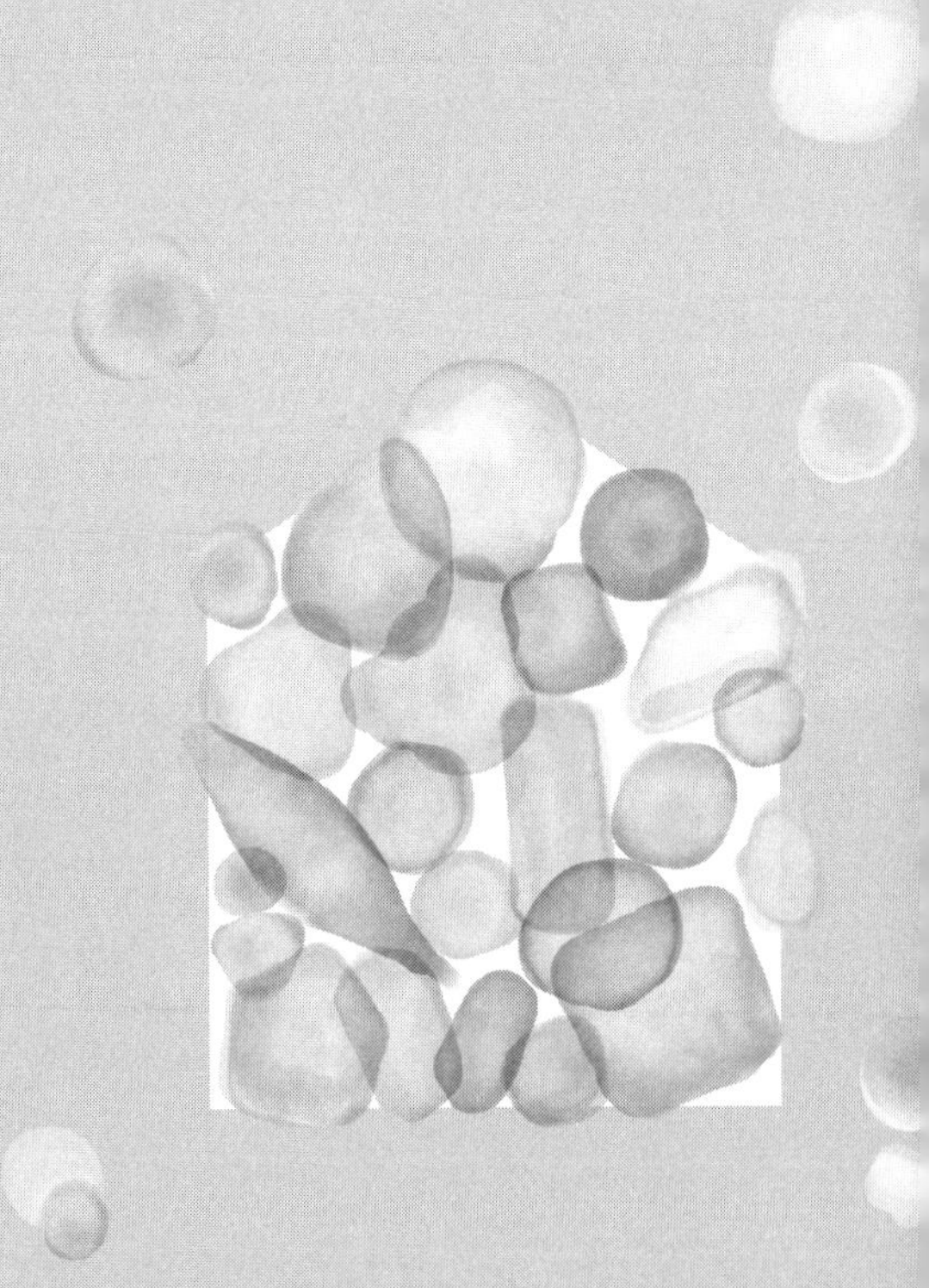

「荻窪家族プロジェクト」の存在意義

高齢期を豊かに生きていくための「百人力」。それはちょっとした不安を解消したり、ポジティブな日常を送るための張りになったりという、いわゆるセイフティネットの役割も果たしてくれる身近な人とのつながりです。そして、それが、幾重にも重なり合った結果、百人分の力を得ることができます。

そういうネットワークを築いておくために、ある程度は気持ちに余裕があり、身体が自由に動くうちから、自分なりにいろいろな行動を起こしておくことが大切だと思うのです。それが、「百人力のタネまき」です。

ここまで、私がその成り立ちから関わってきた「荻窪家族プロジェクト」を取り上げて、「百人力のタネまき」からその実りまでのさまざまな例をご紹介してきました。ただ、「荻窪家族プロジェクト」はわかりやすい一例であって、多くの人が同じようなことをやろうと思っても、なかなかできることではありません。

「荻窪家族プロジェクト」は、瑠璃川正子さんという一人の女性の強い想いがまずあって、瑠璃川さんを大黒柱にしてさまざまな「百人力のタネまき」が行われてきたからこその今なのです。そして、瑠璃川さんはアパート経営をしていたご家庭に生まれたから、アパートの建て替えというタイミングを生かして、「荻窪家族レジデンス」という自分の理想的な集合住宅を建てることができました。

どんなに理想があっても、それをレジデンスを建てるという形で実現することなんて、普通はできません。それに、瑠璃川さんほどの情熱と行動力でどんどんプロジェクトを推進していくことも、誰にでもできることではないと感じています。

もちろん、「荻窪家族プロジェクト」のような動きがいろいろな場所で自発的に生まれていけば、それはそれで素晴らしいことなのですが、なかなか現実的ではないということもわかっています。

いきなり「荻窪家族」を目指したら大変ですし、「荻窪家族」自体、いまだに試行錯誤をくり返しています。ただ、いきなり「百人力」だとか「百人力のタネまき」をしようといっても、わかりにくい。だから、それを理解していただくために「荻窪家族」を紹介しました。

私が本書でみなさんに一番お伝えしたいことは、『荻窪家族プロジェクト』を見習いましょう！　みなさんも『荻窪家族』のようなコミュニティを築きましょう！」ということではなくて、「『荻窪家族プロジェクト』のような例があります。みなさんも、できる範囲で『百人力のタネまき』をしてみましょう！」ということなのです。

たとえシェアハウス的な集合住宅に住んでいなくても、「百人力サロン」という場所がなくても、誰もが自分なりの「百人力のタネまき」をすることができます。ただ、何をするかはその人次第。ですから本書のしめくくりとして、みなさん自身の「百人力」のタネまきを考えてみることをおすすめしたいのです。

とはいえ、「自分にもできるタネまきってどんなこと？」と考えてもピンとこないものだと思います。

そこで本章では、みなさんにとってヒントになりそうな例をはじめ、いくつかの提案をしていきます。

「荻窪家族」に刺激を受けた人たちのタネまき

これまでにない取り組みだった「荻窪家族プロジェクト」は、そこに関わった人だけでなくチラリと目にした、耳にした、という程度の人にも、多くのインパクトを残しています。それこそが、プロジェクトのもっとも大きな成果なのかもしれません。

刺激を受けて自分でも「百人力のタネまき」を始めた人は何人もいます。その中でも、特に印象的だったケースをご紹介します。

CASE 1 Sさん　地元でプリン屋さん！

まだ高齢者になるまでには時間がある、現役世代のアクティブな男性。「荻窪家族」のスタッフとして関わってくれていましたが、自分の夢を追って「荻窪家族」から卒業していきました。

その自分の夢とは、プリン屋さんになること。

長くサラリーマンとして働いてきましたが、プリン好きが高じて、プリンを製造販売したいと考えていたようです。私も、「荻窪家族」の「ふらっとお茶会」や「裏百人力食堂」でSさんのプリンを味見させていただくことがありました。今、振り返れば、みなさんの反応をみつつ商品開発をしていたのでしょうか。

試食した方のご縁で、試験的に販売する場も広がっていったある日、ご自分の地元で本格的にプリン屋さんを始める決意をしました。現在は、近くの駅や大学でのプリンの出張販売やイベントへの出店を叶えて、生き生きと楽しそうです。スタッフとして荻窪に通うことがなくなり、Sさんのプリンを食べる機会は少なくなってしまいましたが、お互いに想いを応援する関係は続いています。

よく瑠璃川さんが口にしていたのは、「地域を耕す」ということ。高齢になっていけば、物理的に行動範囲は身近なところになっていきます。だからこそ、住んでいる地域は豊かにつながる場であってほしい。でも、そう簡単につながりが生まれるわけではなく、一人ひとりが早いうちから地域を耕し、タネをまいておくことが望ましい。

いくら地元とはいえ、Sさんがこれまでつながりを築いてこなかった場所でいきなりプリン屋さんを始めようとしたら、想いだけで終わっていた。荻窪で得た有形無形のチカラがあったから、地元でもさまざまなつながりに助けられ、自らもつながりを生みだせるプリン屋さんになれたのかもしれません。

住んでいる地域で「百人力」を創り出す。はじまりは必ずしも近場でなくてもよい、タネのまき方は多様でよいことをSさんは教えてくれています。

CASE 2 Tさん 自宅の駐車場に椅子を置く

息子さん夫婦と隣居を始めたTさん。息子さんの奥さんがマフィン作りが得意ということで、オンラインでの販売以外に、月に1回程度、自宅でマフィンの販売を始めました。その際、駐車場に椅子を置いて置くことを思いついたTさん。座ってマフィンを食べていく人を見ていると、座りながらおしゃべりが生まれている。ちょっとしたコミュニティスペースになっている、これはうれしい！とTさんはニッコリ。

実はTさんは、「ふらっとお茶会」に参加しながら、自分にもこんな場ができないかと考えていたのです。以前に居間で何回かお茶会をやってみたこともありましたが、コロナ禍もあり、とん挫したまま。あきらめかけていた時に「ふらっとお茶会」で聴こえてきたのが、玄関先に椅子を置いたら近所の人がおしゃべりに来たりして高齢のお母さまの居場所になったというお話でした。こんなことでもよいのだ、

と後押しされたように感じ、動き出せたそうです

さらにTさんは、今、もっとできることは何だろうと探しているところです。たとえば、マフィンを売る日以外にもいつも椅子を出しておいて、お茶を出すことはできないかなど、いろいろと考えて夢は膨らんでいます。

CASE 3 Oさん 「隣人祭り」にお茶を差し入れ

瑠璃川さんの自宅の向かいに長年住んでいたご夫婦は、大企業で地位のあったご主人と、控えめで上品な奥さま。ご近所付き合いも最低限のあいさつ程度、ご夫婦2人だけで、ひっそりと暮らしていらっしゃいました。

ご近所付き合いがないといっても、すべてのつながりを拒否しているわけではなく、瑠璃川さんもご近所の顔なじみとして高齢になったお2人を気にかけていました。ですから、レジデンスが建つ前に「隣人祭り（74ページ参照）を開催することになった時に、ごあいさつも兼ねて何度も声をかけたそうです。

「今度、『隣人祭り』というイベントをやらせていただきます。騒音などご迷惑にならないように気を付けますが、Oさんもいらっしゃいませんか？」と。

しかしいつも、奥さまが出てきて「あらそう、大切なことよね、頑張ってください。参加の方は……、ありがとう、せっかくだけど……」と、笑顔で辞退されていました。そして、ご主人の方は顔を見せることもなく、様子がわかりませんでした。

第1回の『隣人祭り』が開かれた時、ご主人はお散歩に行くついでにチラリと玄関先から様子をうかがっていました。瑠璃川さんは「気にしてくださっている！」とうれしくなって、お茶を置いてあるスペースに「ぜひ、こちらへ」と誘ったのですが、「いやいや、にぎやかでいいですね」とおっしゃるだけで、近づいては来られませんでした。

次の回には、向かいのお宅の玄関先からチラリと見た後、道路を渡って「隣人祭り」をやっているスペースの入り口まで来てくださいました。もちろん、また瑠璃川さんは誘ったのですが、「いやいや、楽しんでくださいね」という感じ。

しかし3回目には、なんとお茶の差し入れをしてくださったのです。何度お声がけしても、まったく興味を示さなかったご夫婦。しかも、寡黙で威厳のあるご主人の方が、様子を気にかけてお茶の差し入れまでしてくださった！　これは、瑠璃川さんにとっても大きな驚きでした。

ご近所と関わる気がまったくないように見えていた高齢男性でも、実は気になっている。そして、仲間に入ることはなくても、少しずつ距離を縮めてくださった。「百人力のタネまき」は、このぐらい小さなことでもいいのではないかと思います。多分、瑠璃川さんが地域で何かをやろうとしていることを感じてくださったに違いありません。だからもし彼らに何か手助けが必要になった時には、きっと瑠璃川さんのことを思い出してもらえる。

それぞれが自分の距離感で「百人力のタネまき」をしてくれればいいわけなので、必ずしも人と直接触れ合って関係性を築かなくても、「感じる」「知る」だけでも立派なタネまきになります。

結局Oさんも、仲間に入ることはありませんでした。でも、これがOさんの求める程よい距離感なのかもしれません。一切ご近所とお付き合いのなかったご高齢の男性が、知らない人たちがたくさんいる場に愛想よくお茶を差し入れてくれるだけでも、大変な変化なのですから。

CASE 4 Kさん　IT関連ならお任せ！

「荻窪家族プロジェクト」とは付かず離れずの関係のKさん。コアなメンバーではないけれど、関心は持ってくれていて、思い出したように「ふらっとお茶会」などに顔を出してくれます。

どんな時に顔を出してくれるのかというと、IT関係で必要とされている時。たとえば、「荻窪家族」が始まった時にホームページの土台を作ったのはKさんです。その後も、zoomでサロンをやりたいとか、スマホの使い方を教えてほしいとか、「荻窪家族」からIT関係の要望が出てきた時は、自分の出番だとばかりにうれしそうに登場して、丁寧に教えてくれるのです。

実はKさん、プロジェクトの立ち上げ時から瑠璃川さんの想いに共感する仲間なのです。どんな住まいにしていこうかという話し合いにも、男性視点のアイディアをたくさん出してくれていました。でも、他の場でもご自身のこれからに向けたタネまきをしていることもあり、つかず離れずのお付き合い。ガッツリとではない、自分が得意な分野で、求められたらうれしいから関わる。そんなゆるやかな関り方ができるのも、「荻窪家族」の目指す「百人力」のよさでしょうか。

「荻窪家族」とは別の場所でのタネまき

では、荻窪家族は置いておいて、他に目を転じた時に、どんな「百人力のタネまき」のケースがあるのでしょうか。

CASE 1 澤岡詩野　私も自宅前に私設図書館コーナーを設けています！

もともと「荻窪家族プロジェクト」と関わる前から、「身近な場所でのゆるやかなつながり」の大切さを提言していた老年社会学の研究者として、実は私自身も小さなアイディアを行動に移しています。

それは、自宅の門の前にクリアケースを並べて、「みんなのとしょかん」という小さな私設図書コーナーを設けていること。

子どもの頃から長く住んでいる自宅ですが、それほどご近所との交流を持ってこなかったし、自らつながりを求めていくことは苦手です。とはいえ、自分の研究で「ゆるやかなつながりが身近にあることが、豊かな歳の重ね方である」としているのに、何の努力もしないわけにはいきません。

そこで、近くに幼稚園があって親子で通りかかる人が多いこと、そして私自身にもまだ小学生の子どもがいることから、子ども向けの本を中心に、自由に読んでもらえたらいいな、と思ったのです。

衣装ケースぐらいの大きさのクリアケースを門の前に2つ並べて、その中に本を入れました。本は我が家や知り合いの家で読まなくなった絵本が中心で、自由に借りていって構いません。ノートも置いてあって、感想などを書いてもらえるようにしてあり、私も返信コメントを書きます。

私の娘が図書館長として、兎年の今はウサギのイラストで看板を描いています。きちんとした図書館ではなく、本当にささやかな手作りのコーナーです。だからこそなのか、小さな子やそのお父さん、お母さんたちには親しみを持ってもらえるようで、実際に本を借りていってくれる人たちがいます。

最近は大人向けの本も置くようにしていて、子どもと一緒にお父さんやお母さんにも本を楽しんでほしいなと思っています。

私自身が本を借りる人々と直接顔を合わせる機会は、ほぼありません。それでも3年以上も続けてきたので、少し言葉を交わせる人もいますし、ご近所では「図書館のおうち」として認知もされていると思います。

高齢の方がお孫さんが読まなくなった本を玄関先に置いて行ってくださったり、雨が急に降り始めた時には図書館の箱に傘を立てかけてくださる方も。何もしなければ、生まれなかった交流が生まれていることは確かです。

CASE 2 Aさん 自宅前にミニ文具店コーナーを設置

私が「みんなのとしょかん」を自宅前でやっているのを見て、近くに住む私と同年代の女性が興味を持ってくれました。

彼女はお子さんがもう大学生になり、子育てもほぼ終了。仕事を持ちながら、プライベートを充実させる意欲のある人です。自分にも何かできるかもと、考えたのが小さな文具店でした。

ご自宅の玄関先にかわいらしいファンシー文具を並べて、便せん1枚から1円で買えるようにしたのです。小銭を握りしめて一所懸命にお留守番の弟のために電車のシールを選ぶ女の子、それを外で待つ親同士で立ち話。知らない人同士が顔見知りになる場にもなりつつあります。

仕事に出かけなくてはならないので、お店を開ける日は月1回と限られているのですが、いつも忙しいAさんにとってもご近所との貴重なつながりの場になっているはずです。

CASE 3 Tさん　これまでの人脈を生かしてセミナー開催

マスコミ業界で長く働いてきたTさんは、定年前に退職して都心に居を移しました。

サラリーマンとしては成功されていたので、リタイアして悠々自適なシティライフを満喫するのかな？と思っていたところ、マイペースに新しいビジネスを始めました。

それは、サラリーマン時代の人脈を生かして、セミナーを開催すること。

自分で「おもしろそうだ」と思うテーマを決めて、そのテーマについて講演できる人を自身の人脈の中から探し出します。その人に講師を依頼し、セミナーを企画して受講者を集めるというビジネス。

誰にでもできることではありませんが、自分のキャリアを生かしながら無理をせずマイペースに行動しているので楽しそうです。もちろん定年もなく、趣味の延長のようなものなので、これから歳を重ねながらもできるだけ長く続けていきたいとのこと。

生活のためのビジネスではないので、ストレスもないようです。

ご近所に住む人たちと直接つながるわけではありませんが、都心に住みながら地元でセミナーを開催するので、身近な場所での「百人力のタネまき」であるといえると思います。

CASE 4 Kさん まったく新しい土地で飲み仲間の輪を広げる

60代の独身女性であるKさん。ずっと住んでいた土地を離れて、何を思ったのか縁もゆかりもない場所に移り住みました。

もともと気さくで、初対面の人とも臆せずコミュニケーションを取れるタイプでしたが、新しい土地でもその能力を発揮。

夜な夜な近所のお店に飲みに出かけて、そこで飲みにケーションを展開したのです。そして、いつの間にか飲み仲間の輪がKさんを中心にして、どんどん大きくなっていたのでした。

Kさんいわく、飲み仲間を増やしていくコツは、決まった曜日の決まった時間に、同じお店に行ってみること。すると、同じような行動パターンの人と顔を合わせる機会が多くなり、自然と顔見知りになるのだそうです。

そして、自分から交流しよう、つながりを持とうと努力しなくても、お酒の力のサポートもあって、いつの間にか言葉を交わせるようになる。

そうやって広げていった地元の飲み仲間の輪が、これからやってくる高齢期にも支えになってくれそうです。

CASE 5

ジャズピアニスト応援隊のみなさん

ある住宅街に、おしゃれな隠れ家的ジャズバーがあります。そこに集まる常連のおじさまたち。バーで演奏を披露する若いジャズピアニストを、ファンとして応援するようになりました。

元は知り合いでも何でもなかったのに、同じピアニストを応援する仲間同士として親近感を感じ始めたのです。そのジャズピアニストが出演するライブがあれば、みんなで一緒に聴きに行く。そんな関係性ができました。

ファンクラブとして組織化しているわけではありません。音楽以外の話題でも盛り上がれる深いつながりができる人たちもいれば、まわりの話をにこやかに聞くだけで、自分から積極的に輪の中に入ってこない人もいて、それぞれが自分の心地よい距離感でいられます。

新たなファンが生まれることもあるし、いつの間にか顔を見せなくなる人がいるのも、組織化されていない良さです。ジャズピアニストを中心に人が集まっているけれど、それぞれの関係には濃淡があり、出入りも自由。

このピアニスト応援隊のみなさんは、誰かが「百人力のタネまき」をしようとして集めた仲間たちではなく、自然発生的に生まれたグループです。でも、ジャズバーに行ってお気に入りの音楽を見つけたこととか、「このピアニストを応援したい」と考えてライブに行ったとか、同じようにピアニストを応援している人に声をかけたとか、誰もが何らかの行動は起こしています。

それがいろいろな関係性をつくるきっかけになるのだから、やはり結果的に「百人力のタネまき」になっているのです。

これもタネまきかもしれないな……。そう意識してみると、自分の世界が変わるかもしれません。

CASE 6

Hさん　高齢者専用住宅から外部のコーラスサークルに

ご主人を亡くした10年前、戸建ての自宅を処分して、駅近のマンションに転居して一人暮らしをはじめたHさん。最初は便利な生活に喜んでいたのですが、年齢を重ねるにつれて気が滅入ってきて外出も減り、せっかくの便利さを実感する機会が少なくなっていきました。

そしてある時、マンションの外壁リフォーム工事が始まると聞き、ますます憂鬱に。窓のすぐ外に足場が組まれ、作業をする人に部屋の中を見られる心配があるのと、約2カ月もベランダに洗濯物を干すこともできず、日の光が入らないことを考えると、耐えられない気がしました。

そこで息子さんに相談すると、「高齢者のためのUR住宅があるから、そこに引っ越す?」と。

確かに、同年代の人が集まるところに住めたなら、何となく安心だと思いました。

施設ではないので自由はあるし、室内には非常用ボタンがあって、24時間対応のカウンターにつながるようになっています。

息子さんとしても、高齢者相手のノウハウがあるところに住んでもらえれば、安心だと思ったのでした。そして、決め手は住宅内にコーラスサークルがあること！Hさんは歌が好きで、若い頃はヴェートーベンの交響曲第9番を歌うサークルに入っていたほど。だから、同年代の人たちと一緒の集合住宅で、同年代の人たちと趣味も共にできるのは理想的だと考えました。

引っ越してみると、確かに暮らしは快適で安心。もちろん、コーラスサークルにも入りました。ところが、コーラスサークルの方は期待通りにはいかなかったようです。

Hさんいわく、「年寄りの集まりで、病気と孫の話題ばかり。やっぱり気が滅入る」。そこでHさんは、我慢しながらサークル活動を続けることはやめて、スッパリと退会しました。そして、自分で外部のコーラスサークルを見つけてきたのです。

見つけるためには、インターネットで検索したそうです。自力ではできないので息子さんの助けを借りたそうですが、自分の意思を持って行動した時点でタネまきが始まっていました。

今、30代の若いメンバーもいるコーラスサークルに通うことが、月に2回のお楽しみになっています。

つまり、「百人力のタネまき」って？

さまざまなタネまきの事例をご紹介してきましたが、結局は「百人力のタネまき」ってどういうことなのでしょうか。これまでにもお伝えしてきましたが、ここで簡単にまとめてみたいと思います。

1　人それぞれ濃淡がある

「そんなことができるなんてスゴイな」というケースから、「そのぐらいでもいいの？」というケースまで、実際の「百人力のタネまき」には濃淡があります。

私が「百人力のタネまき」の重要性をお伝えする時に、もっとも心配なのは、「〇〇でなくてはならない」と誤解されてしまうこと。たとえば、「自ら人に声をかけなくてはならない」とか、「周囲からも認められる行動を起こさなくてはならない」とか、そういうプレッシャーをみなさんが感じないようにしたいのです。

そんなに大げさなことではなくて、自分なりのペースで、自分なりの距離感で、ユルヤカにつながりを持てればいい。何度もお伝えしていますが、それでもやはり本で発信されるメッセージは実際よりも読者に強いインパクトを残すものなので、「頑張らなくては！」という気持ちになる方も多いと思います。

もちろん、頑張ることが楽しかったり、生活の張りになったりすればいいのですが、それが負担になるのなら意味がないですよね。

人はみな、性格も違うし積み重ねてきた経験も違うし、生活環境や経済状態も、何もかも違います。ですから、それぞれができるタネまきも違って当たり前なのです。行動することが好きで、人と関わることが好きなら濃い関係性を築けばいいし、そうでなければ薄い関係性でも十分だと思います！

2 どんなことでも「タネまきになるかも」と意識すること

もしかすると、自分では意識していないだけで、あなたも実はすでに「百人力のタネまき」をしているかもしれません。

たとえば、よくすれ違うご近所の人とあいさつをする時に、たとえあいさつだけでも「いつものあの人」という親しみを感じたりしてはいませんか？ これも『百人力のタネまき』になるかな」と意識しておけば、スーパーで偶然会うような人でも、ふとしたキッカケから立ち話をする関係性になる可能性があります。

また、もし家の近くのカフェの雰囲気が好きで、週に3日ぐらいお茶を飲みに行っていたとしたら……。ただ好きだから通うだけなら何も変わらないけれど、「百人力」を頭の片隅に置いておけば、いつか常連さん仲間ができるかもしれません。

「百人力のタネまき」は、どんな些細なことでもいいのです。その人の連れている犬、立ち止まって眺めている花、いつも頼むお茶、お店の人との会話などを少し気にしておく、それくらいのこと。ただ、「これが『百人力』につながるかもしれない」と意識することが大事なのです。

3 身近な場所にタネをまく

「百人力」のポイントになるのが、「身近」というワードです。

通勤などである程度の距離があるところまで通うことが当たり前だった現役時代とは違って、リタイアすれば自然と活動範囲は自宅近くの身近な場所になっていきます。

リタイア後でも気力や体力が残っている間なら、昔の友だちや同僚に会いに出かけられます。ただ、いつまでもそれが続けられるわけではありません。いずれは自由に動くことが難しくなってきて、どうしても行動範囲はご近所に限られていくのです。

これは専業主婦だった方も同じで、学生時代のお友だちに会ったり、電車に乗って通っていた習い事は、いつしか足が遠のいていきます。それを見越して身近なところに「百人力」のタネをまき、百人力ネットワークを持てるようにしておきましょう。

4 なるべく早いうちからタネまきを始める

自分はどんなことが好きなのか。どんなことができるのか。また、行動してみたらまわりはどう反応するのか。

タネまきをしてみても、はじめはわからないことだらけだと思います。思うようにいかなかったり、「何か違うな」と感じたりすることもあるでしょう。それは当然のことで、いろいろ失敗もくり返しながら、自分のペースや心地よい距離感をみつけていくものです。

何度でもやり直せるように、あるいは何度でも微調整できるように、なるべく早いうちからタネまきを始めることです。ある程度は元気に動ける間に、息切れせずに長く続けられることを探しましょう。

具体的には、50代ぐらいからタネまきを意識し始めると十分余裕があると思います。ただ、その時期を過ぎたとしても、いつからでも「百人力のタネまき」は可能です。80代でも90代でも、遅すぎることはありません。その時々の自分に合わせて動ける人は素敵だと思います。

5 ある程度の頻度が必要

ユルヤカなつながりを維持するには、頻度が必要になってきます。

週に2、3日は散歩の途中で顔を合わせてちょっとした雑談をしていたら、親しい友人にはならなくても、親しみを持てるご近所さんにはなりますよね。

でも、せっかく「ご近所の人だな」と認知したとしても、顔を合わせるのが月に1回もあるかどうかという程度なら、ただ認知しただけで終わってしまいます。

だから、毎日は無理でも月に数回、決まった時間に決まった行動をしてみるなど、頻度を高めて「親しみを持てる存在」として認知してもらえるといいですね。

6 「お互いさま」と「相互関係でなくてもいい」を両立する

「百人力」は、自分に無理のない行動でつなぐネットワークです。ですから、「誰かのために」「やってあげる」という意識で行動すると無理が出て、みなさんにおすすめしたい「百人力」とは違う偏った関係性が生まれてしまいます。

大切なのは「お互いさま」で、自分が人の役に立つこともあれば、助けてもらうこともある。あくまでも同じ立場での関係性が積み重なっていくことが、「百人力」につながっていきます。

そして、「お互いさま」とは言っても、助け合う関係性が1対1である必要性もありません。Aさんからの親切がうれしかったから、それを見習ってBさんに親切にする。このように相互関係にこだわらず、もっと拡散していくイメージでタネまきをすることで、「百人力」はつながり合っていくのです。

「百人力」から目を背けている人たちへ

老年社会学の研究でたくさんの人から聞き取り調査をしていると、女性たちからよく言われることがあります。

「うちの夫が心配で……」

一生懸命に家族のために働いてきた男性の中には、仕事をリタイアすると家に閉じこもって人と交流することもなく、一日一日を自分だけの世界で生きていく人が多いのも現実です。

確かに、これまでにご紹介してきた事例に限っても、登場するのは圧倒的に女性が多いですよね。個人差があるのは当然ですが、女性の方が一般的には柔軟性があり、人の話を素直に受け入れる傾向があるように思えます。

私が接する中でも、「身近なところでのゆるやかなつながり？　いや、別に必要ない」と言う男性は少なくないのです。

そもそも、そんなにコミュニティを欲していない。あるいは、自分が活動的で輝いていた時代の仲間たちがいるから、新しいつながりなんていらない。これまで積み重ねてきた自分の世界があるから、身近なところでの交流に魅力を感じない。そういうケースが多いように思います。

「荻窪家族プロジェクト」では、「チョコっと塾」のようなセミナー系の催しに参加する男性はある程度いて、質疑応答の時間などは活発に発言したとしても、終わった後の「ふらっとお茶会」には残らない。自分の興味に対しては発言はするけれど、他の人の話には興味がない、交流の場は求めていないと感じました。

でも、本当にそれでいいのでしょうか。いよいよ体力が落ちてきて、行動範囲がご近所に限られてきたり、ちょっとした身近な情報を得られる機会がなかったりしたら、社会と隔絶して家庭の中だけで生きていくことになります。すると家族との関係もギクシャク、公的支援だけが頼りという、なんだか寂しい状態になりますよね。

どうしたら男性にも「百人力のタネまき」をしてもらえるのか。それが私の課題でもあります。そこで、以下の3つを多くの男性にお伝えしたいと思いました。

1 はじめは「身近な場所」にこだわらなくてもいい

「身近な場所」というのが、私が考える高齢期のキーワードになるのですが、はじめからそれを意識しなくてもよいと思います。おそらく、家からある程度は距離のある仕事場に、長年通い続けてきた男性にとって、自分が住んでいる地域やご近所で行動を起こすことが、まずハードルになっているのかもしれません。

まだ気力や体力のある高齢期の手前であれば、身近な場所でなくてもいい。とにかくやりたいことを行動に移してみてはどうでしょうか？

そのためには、できるだけ早いうちから行動してみましょう。いずれ、本当に身近な場所でしか行動できなくなる年齢になるまでに少しずつ「身近な場所」を意識して、最終的には地域で収束する何かを目指していきましょう。

2 やりたいことに役割をマッチングさせる

男性、特に企業にお勤めだった方は、自分の役割が明確で可視化できると能力を発揮しやすいといわれています。だからこそ、関わろうとする場に何かしらの役割を見出すことが大きな１歩になってきます。

ちょっと人に喜ばれたらうれしい。自分のできることで少しだけ役に立てたらうれしい。それができる場はなんだろう、といったことを探すところからタネまきを始めてみるといいですね。変化を受け入れて、新しい自分になることを素直にステップアップと考えると、意外と行動できるものです。

ただし、役割を見つけると責任感が生まれ、自分の責任を果たそうとして苦しくなることも考えられます。まじめな人ほど自分を追い込むことになりますから、あくまでもちょっとだけ、少しだけ、ユルヤカに行動することをおすすめします。

3 誰かに頼れる素直な人になる

今の若い世代とは違って50代以上は、男性が家族を支える、家を守る、リードする立場で頑張る、という価値観のなかで育ってきました。だからこそ役割を求め、頼られたらうれしい人たちが多いですよね。

それはもちろん、素敵なことです。でも、もっと素敵なのは、自分が頼られるばかりではなく「必要な時には誰かに頼れる人になる」こと。これこそが人としての強さではないでしょうか。

「百人力」のポイントは、「お互いさま」であること。時には他者に任せたりサポートをしてもらったりすることで、どんどん関係性が広がり力も積み重なって「百人力」となるのです。

頼られる人であるのと同時に、自分が何か情報を必要としていたり困ったりしている時には、その得意分野の人に頼ればいいのです。

素直に人に頼れる人は、自分が頼られたら惜しみなくサポートできる人だと思います。逆に素直に頼れないとしたら、自分が頼られた時にはどこか「やってあげている」という気持ちが潜んでいるかもしれません。それは、「お互いさま」の邪魔になってしまいますよね。

強がらずに誰かを頼れる素直さは、弱みではなく人間的な魅力です。


この3つを意識して、少し考え方を変えられたなら、男性ももっと活発に「百人力のタネまき」ができるようになると思います。このことは、長い年月の中で培われてきた価値観を見直すことになりますが、人生のセカンドステージ、その先のサードステージに向けての新しい挑戦だと受け止めていただければうれしいです。

また、男性だけでなく女性にも一定数、変化を好まない人たちもいることを付け加えておきます。

目立つのは、「80代以上で専業主婦として家族を最優先にしてきた人。若い頃は、「義父母と夫に仕える」という時代だったため、おそらく、自分のために行動できる機会が少なかったのでしょう。高齢期を迎えて自分のペースで自分の好きなように行動しようと思っても、なかなか難しいのです。

こういった女性たちも、自分と異なる人生を送ってきた多様な人と出会うことで考え方を変えることができるはずです。それぞれの環境や事情もありますし、無理して信じてきたことを大きく変える必要もないと思います。

ただ、人生の総仕上げの時期には、「ちょっとだけ好きなように生きてみましょう」とお伝えしたいのです。

タネまきの実践に向けて試してみたいこと

では最後に、「百人力のタネまき」を実践していただくうえで、どんなことをやってみればいいのかを具体的に考えていきます。

これまで見てきたさまざまなケースの中にもたくさんヒントはありましたし、どんなことならやってみたいのか、少し若い世代の人に聞き取り調査もしましたので、サンプルとしてみなさんに参考にしていただきたいです。

1　毎日同じ時間に庭の手入れをする

たとえば花が好きなら、庭にたくさんの花を植えて手入れをする。季節のイベントに合わせて庭を演出する。そんなふうに、別に立派な庭がなくても少しの空間を手入れしてみると、道行く人から目を留めてもらえることがあります。

そして、決まった時間に庭の手入れに出ていくと、目を留めてくれる人と自然にちょっとした交流が生まれるかもしれません。興味を持つのは同じような趣味の人なので、話しやすいのではないでしょうか。

庭がない方におすすめなのが、玄関先に鉢植えを出し、決まった時間に水やりをすること。私は稲をバケツで育てていますが、玄関先に置いておくと、誰かがのぞき込んでいきます。今度は、声をかけてみようと思っています。

家に閉じこもっていてはあいさつすら生まれないので、まずは少しだけ外に出て「こんにちは」と言えるタネまきが大事です。

2 トングを持ってゴミ拾いをする

ウォーキングをする習慣があるのであれば、ついでにゴミ拾いをしてみてはどうでしょう。

実際に、トングを持ってゴミ拾いをしてくださっている高齢男性を見かけたことがあります。研究者としてはそんな姿に興味を惹かれ、声をかけずにはいられなかったのですが、ご本人は「健康のためにやってる。別に感謝されるためにやっているんじゃないんだよ」と言いながらもうれしそうでした。

感謝されるためではなくても、そんな姿を見てありがたいと感じる人はたくさんいるはずです。だから、特に誰かとコミュニケーションを取っていなくても、近所の人たちの心にインパクトを与えているわけですよね。

それがいつか、「百人力」につながるかもしれません。

3 毎日同じ時間に犬の散歩をする

犬の散歩をしていると、いわゆる「犬友」ができやすいです。犬好きであるという共通点があって安心ですし、犬について話ができるので、話題選びにも困りません。

毎日同じ時間に散歩をしてみると、いつも出会う犬仲間がいると思います。そうしたら、頑張って3回、同じ犬に向かって声をかけてみましょう。

1回目は、相手の飼い主さんはいきなりのことで戸惑うだけ、2回目は「うちの犬に声をかけてくれている！」と確信でき、3回目には親しみがわいて飼い主同士で言葉を交わすようになります。

これは、研究から導き出された傾向ですので、何度かいろいろな人に対してこのようなことをくり返していれば、いずれ言葉を交わせる人はできるでしょう。

犬を飼っていなくても、ウォーキングをしていて犬と散歩している人に出会うことはありますよね。いきなり知らない人に声はかけられないけれど、その人が連れている犬にだったら笑顔で声をかけられます。

これは、積極的に自分からつながりを持つのが苦手な人には、いい方法だと思います。犬が苦手でなければ、ぜひ試してみてください。

実は子どもさんでも同じことがいえます。笑顔を向けてみたら、お母さんはそのままでも、お子さんから笑顔が返ってくる。繰り返すうちに、お母さんの方からもあいさつが返ってくるはずです。

この方法で、まずはご近所に３人、あいさつを交わせる人をつくりましょう。

４　同じお店で飲食をする

お店の常連さんになる。これが、かなり人とのつながりを生むのです。週に１、２回は決まったお店で夜ご飯を食べるとか、昼下がりにお気に入りのカフェでコーヒーを飲むとか、とにかく好きなお店に常連といえる程度に通ってみましょう。

人見知りの人も、夜にお酒を飲めるお店に行くと、アルコールの力で気分も盛り上がって話しやすくなるので、飲めるお店では人の輪が広がりやすいです。お酒には気を付ける必要はありますが、人との距離を縮めてくれるツールでもありますよね。

今まで元の職場近くのお店に通っていた人は、家の近くのお店でもお気に入りを探してみる。仲間や大人数でいかない、一人で、あるいは少人数で常連さんになる。

お酒もカフェも一人で行くのはちょっと。そう感じる方には、家の近くの朝のファストフード店もおススメです。三々五々現われ、何となしにあいさつしたり、話に盛り上がるシニアをよく見かけます。名古屋では喫茶店のモーニングを食べに通う人同士でユルヤカに気にしあうコミュニティができているという話もあります。

自宅から近くの同じお店に通ってみる、これも「百人力のタネまき」のコツです。

5 家の近くで仕事を探す

子育てが一段落してまた仕事を始めたいと思った時や、仕事をリタイアしたけれどまだ働きたい時に、ぜひ家の近所の身近な場所で仕事場を探してみてください。

近所の職場には、同じように近くから通ってきている人がいる可能性が高いし、その会社自体が地域貢献をしているケースも多く、近場に馴染むという意味では最適な場所です。

一緒に働いている人が話せるご近所さんとなり、地域の情報も仕事場を通して入ってくれば、これまで地域とはほとんど関わってこなかった人も、無理なく身近な場所を自分の世界の中心に持ってくることができます。

いきなり知らない人と何かをするのは抵抗感がある。そんな人には、やることがはっきりとしており、仲良くなってもならなくてもよいという仕事は、入りやすいタネまきともいえます。

6　家の近くで習い事をする

若いころに習いたかったけれどあきらめていた、習ってみたら楽しそうだな。そう思うものはありませんか？

書道や英会話、俳句、フラワーアレンジメント、マージャン、囲碁将棋、絵手紙など、年齢を重ねてもできる習い事はたくさんあります。楽器系も、「大人の方の場合は、趣味としてユルく楽しく習いましょう」という教室が多いです。

スポーツ系も、体操やヨガ、ストレッチなど、無理なく動けるものを選べばいろいろあります。もちろん、身体が元気に動くうちは、サッカーやダンスなど運動量が多いスポーツをやってもいいでしょう。いつまでもそのスポーツを続けられなくても、そこで仲間ができていたらいいわけですから。

習い事こそ、近所の人が集まってくる場だと思います。趣味も同じなので、気が合う人たちと出会えますよね。公民館などで安価にできるもの、民間のやっているお値段もそれなりなもの、多様な場がありますが、自宅から近いところで始めるのが大事。できれば、いろいろな年齢層の人が集まる習い事だと、つながりのバリエーションが豊かになります。

7 自治体のサポート事業を調べる

自治体の広報誌やホームページなどを調べると、いわゆる有料ボランティアのような形で誰かの助けになれる活動を見つけることができます。無償ボランティアに興味はあっても、「自分はそんなに立派な人間じゃない」とか「自分には何も見返りを求めないことができるのか?」と考えてちょっとハードルが高いと感じている人は、有料で自分のできることを提供することから始めるといいかもしれません。

また、有料の方が「自分ができることを提供する代わりにお金をいただく」ので、お互いさまの意識になりやすいという考え方もあります。

なかでもおススメなのは、ファミリー・サポート・センター事業（通称ファミサポ）です。いわゆる地域の子育て支援事業で、子育ての援助を受けたい人と、援助を行いたい人をセンターがつないでくれます。どちらかが合わないと判断すれば、組み合わせを変えることもできるので安心です。

子育て経験がある人など、子どもが好きなら楽しく援助できるのではないでしょうか。

ファミサポのいいところは、子どもやその親である若い世代と触れ合えること。人生も後半に入ってきた同世代とばかり交流するより、違う世代とも触れ合った方が刺激になります。

子育て支援事業は、子育て経験がない方も大歓迎で、放課後の学童での勉強や遊びのサポートなど多様な活動があります。まずは、自治体から定期的に届けられる広報に目を向けてみるのもタネまきといえますよね。

8 Facebookなどで趣味の会やイベントを探す

Facebookで自分の趣味や地域を検索すると、近場で趣味の会やイベントを探すことができます。

たとえば私は横浜ベイスターズが好きなのですが、子どもが小さいこともあり、なかなか球場に観に行ったり、ファンの集まる場に顔を出せずにいます。先日Facebookでベイスターズを応援するグループが家の近くにあることを知りました。「え!? こんなに近くにあるの？」と、とても気分が上がりました。

私も自分からグイグイ距離を詰められるタイプではないので、今のところは月に1回ミーティングをしているお店をそっと覗いては、「いつか仲間に入ろう！」と様子をうかがっているところです。自分自身、「百人力のタネまき」を始める時期に入って来ているので、これは必ず実行しようと思っています。

このように、好きなスポーツや好きなアーティスト、音楽などを中心に、同好会のように集うグループは結構あって、Facebookで発信されていることが多いです。

Facebookの利用者の年齢層は、他のSNSにくらべて高いので、自分に合うコミュニティが近場にある可能性は大いにあります。

以上、いろいろな濃淡を取り混ぜて8つのサンプルを提案してみましたが、他にもたくさんあると思います。ぜひご自身の性質、経験、環境などを考え合わせて、無理なくできることを見つけてみてください。

身近にネットワークを広げる場合でも、ただ待っているだけでは何も始まりません。みんなが社交的になる必要はないけれど、自分のために少し行動してみる勇気は必要です。

今はインターネットという強い味方があり、70代以上でも使いこなしている人は多いので、情報を手に入れるためにはどんどん活用すればいいと思います。もし苦手でも、近所にあるパソコンやスマホの講座や教室に通うことで、気の合う誰かに出会えたり、このこと自体が「百人力のタネまき」になるかもしれません。

65歳以上の人口が全人口の7％を越えると「高齢化社会」、14％を越えると「高齢社会」、そして21％を越えると「超高齢社会」と定義されます。日本は50年以上前の1970年にすでに高齢化社会となり、1994年に高齢社会、2007年に超高齢化社会となって、ますます高齢化が進んでいます。

超高齢社会には、医療や社会保障の面でさまざまな問題があることは多くの日本人は理解していることでしょう。

問題が多いからこそ、年齢を重ねたシニアたち自身が自分ごととしてしっかりと高齢期を考えて、心豊かに生きていく必要があると思うのです。心豊かなシニアが増えれば、その背中を見た若者にもよい影響がある。きっと今とは違う明るい日本社会が見えてくるのではないでしょうか。そのためには、早いうちから「高齢期をどう生きるか」を意識する必要があります。高齢化の問題は、高齢になる前に私たち一人ひとりが意識することで改善できると信じています。

長生きが素晴らしい！　そう思える老若男女が、この日本に一人でも増えたらうれしいです。

おわりに

本書は老年社会学を研究している私が、「百人力」による豊かな歳の重ね方を提案するものです。それってまさに、高齢者の研究をしている人が語る「高齢期のお話」というイメージになりますよね。でも、お伝えしたいのは先を見越したこれからの歳の重ね方。

人は産まれた瞬間から歳を重ねていき、今のあなたはこれまでの積み重ねの集大成といえます。豊かに歳を重ねたいのは、どんな世代でも同じ。

さらには、高齢者だけが「百人力」を必要としているわけでもなく、「百人力」は、生きていくなかで常に必要なチカラなのです。

たとえば私自身、行きたくないと泣き叫ぶ子どもの手を引いて保育園に向かう道で、荷物も子どもも投げ出して逃げ出したくなる気持ちになったことが何度もありました。おまけに雨が降っていたら、それこそ最悪な気分になります。
そんな時、立ち止まって「大丈夫？」と声をかけて、傘を差し出してくださったのが、よくすれ違う名前も知らないご近所さんでした。
まったく知らない人であれば、「大丈夫です！」と怒りにも似た感情をぶつけてしまったかもしれません。でも、「おはよう」のあいさつを交わしている人からの「大丈夫？」は、とても胸にしみました。

今ではうちの子が「あのおじいちゃん、最近見ないね」と、道であいさつをしてすれ違うだけの方を気にするようにもなっています。それはきっと、その人が歩みのゆっくりな高齢者だからではなく、いつもの馴染んだつながりだから。目も合わせずにただすれ違うのではなく、ユルヤカでも確かな関係性を感じているから。それが小さな子どもにもわかるのです。

それこそが、「百人力のタネまき」の一歩だと思うのです。

どんな世代にとっても、「百人力」は大きな支えになります。ただ、若いうちは自力でできることも多く、自分自身の生活に一生懸命で、その支えのありがたさを実感しにくいのです。

でも、仕事や子育てが一段落して、自力でできないことがだんだん増えてきた時には、「百人力」が本当に強い味方になってくれます。

誰かが声をかけてくれる。優しい目でうなずいてくれる。親身に手を差しのべてくれる。おすすめの医療機関や公的機関などを紹介してくれる。そういうサポートのありがたみを感じる時が、必ずやってきます。

その時、あなた自身はまわりに一体何ができるでしょうか?

「百人力」の内容は個々で違います。

個々が自分ごととして、それぞれの「百人力」を創り出していけば、その人が豊かに歳を重ねていけるだけでなく、コミュニティ全体も豊かで心地よい場所になっていくと、私は確信しています。

誰もが「荻窪家族」を実践することはできませんし、それを目指す必要もありません。

行きつけの飲み屋さんでもスポーツクラブでも、図書館でも公園でも、どんな場所でも誰かの「百人力」を創り出す場になり得ます。

そしてそれを知ったなら、あなたなら何をはじめますか?

まずはあなた自身の「百人力」をイメージするために、本書がお役に立てれば幸いです。

最後に、本書をまとめるにあたり協力してくださった「百人力サロン」のみなさま、ライターの尾崎久美さん、編集者の長谷川華さんに心からの感謝をお伝えします。

2023年8月　澤岡　詩野

著者略歴

澤岡 詩野（さわおか しの）

1974年神奈川県横浜市生まれ。（公財）ダイヤ高齢社会研究財団主任研究員。専門は老年社会学。武蔵工業大学建築学科卒業、東京工業大学社会理工学研究科博士課程修了。ハードとソフトの両面からコミュニティを考えるという視点で、知り合い以上、友人未満の「ゆるやか」な人間関係のうまれる場の在り方を模索している。近年では、年賀状からインターネットまで、最後まで豊かにつながり続けるための交流手段の可能性について調査研究を行っている。

豊かに歳を重ねるための「百人力」の見つけ方

2023年8月25日 〔初版第1刷発行〕

著　　者　澤岡詩野
発 行 人　佐々木紀行
発 行 所　株式会社カナリアコミュニケーションズ
〒141-0031　東京都品川区西五反田1-17-11
第二東栄ビル703
TEL　03-5436-9701　FAX　03-4332-2342
http://www.canaria-book.com/
印 刷 所　株式会社クリード

取材・文／尾﨑 久美
装丁・DTP制作／津久井直美
編集協力／長谷川 華（はなぱんち）

ISBN978-4-7782-0516-4　C0036